KB243853

아버지는 말하셨지
문화를 누려라

아버지는 말하셨지
문화를 누려라

김성동 지음

철학과현실사

감사의 글

우선 "아버지는 말하셨지"라는 카피로 우리의 감수성을 자극해 준 카피라이터에게 감사한
다. 그리고 이 책에 인용된 많은 그림들은 여러 책과 인터넷에서 가져온 것들이다. 원저자들에
게 양해를 구하고 감사를 표한 뒤에 사용하는 것이 마땅하겠으나, 일일이 이를 할 수가 없어서
대신 이 자리를 빌려 감사를 표한다.

머리말

인간의 삶의 영역을 정치적 삶, 경제적 삶, 문화적 삶으로 나눈다면, 20세기는 정치, 경제의 세기였다고 할 수 있고, 21세기는 문화의 세기라고 할 수 있다. 정치와 경제가 여전히 기본적인 바탕을 이루기는 하지만, 뿌리와 줄기보다 그 끝에 핀 꽃인 문화가 주목받는 것이 오늘날의 시대적 특징이다.

우리가 몸담고 있는 대중문화는 사실 우리 시대만의 특이한 현상이다. 물론 인류의 문화라는 점에서 과거와 상통하는 면이 없지 않지만, 예전에는 그다지 문화를 누릴 수 없었던 많은 사람들이 문화의 혜택을 이렇게 풍요롭게 누린다는 것은 과거에는 상상할 수 없는 일이었다.

하지만 그러한 대중적 풍요로움 이면에는 얼핏 보아서는 결코 알아챌 수 없는 어두운 그림자가 또한 함께 가고 있다. 그러므로 문화를 향유하면서도 문화에 함몰되지 않으려면 문화의 밝은 면과 더불어 어두운 면도 또한 이해하지 않으면 안 된다.

대중문화에 휩쓸리기보다는 대중문화를 누리게 만들어줄 문화에 대한 비판적 논의들을 이 책에 모아 보았다. 이러한 논의들을 통하여 독자 여러분도 문화의 향유와 창조에서 나름의 참된 방향을 모색할 수 있게 되기를 희망한다.

2007년 여름 김성동

아버지는 말하셨지 문화를 누려라!
문화에 함몰되지 않고 누리기 위해서는 문화를 알아야 한다.

차례

문화는 인간과 더불어 시작되었다.
그 역사는 175만 년 전으로 거슬러 올라간다.

문화는 인간과 더불어 시작되었다.
그 역사는 175만 년 전으로 거슬러 올라간다.

고대의 문화와 근세의 문화

문화는 역사적으로 오랜 기간에 걸쳐 전개되어 왔다. 사실 인류의 문화는 역사 이전 즉 선사시대에 시작되었다. 문화는 고대문명을 통하여 자연을 극복하기 시작하였으며 고대 그리스에 이르러 자신을 자각하기 시작하였다.

어떤 때는 자기 민족과 다른 민족을 구분하기 위하여 제시되기도 하였으며, 또 어떤 때는 자신의 과거와 현재를 구분하기 위하여 제시되기도 했다. 심지어는 이러한 문화를 거부하는 움직임까지 있어 왔지만, 문화의 주류는 다양한 변화를 거듭하여 왔다.

10으로 시작하는 마디에서는 문화의 이러한 과거와 현재를 살펴보자.

문화의 본격적인 전개는 1만 년 전에 시작되었으며
우여곡절을 거쳐 오늘에 이르렀다.

마디 11.   문화는 언제 시작되었는가?

문화의 가장 단순한 의미는 동물이 아닌 인간의 삶을 가리킨다. 인간의 소산들 중에서 인간의 유전적 소질의 발현으로 이루어지지 않은 것들을 우리는 문화라고 부른다. 이런 의미의 문화는 자연과 대립된다.

인간이 비자연적으로 만들어낸 것을 문화라고 할 때 문화가 언제 시작되었는가는 인간이 언제부터 유전적 소질 이상의 것을 가지게 되었느냐에 달려 있다. 일반적으로 알려져 있는 최초의 인간은 루시이다.

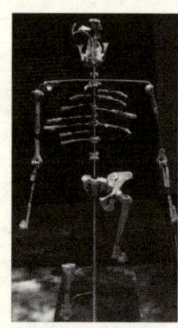

루시는 1970년대에 에티오피아에서 발견된 340만 년 전의 인간의 유골이다. 그녀는 1.1미터의 키에 29킬로그램의 몸무게를 가지고 있었다고 추정되는데, 보기에는 거의 침팬지처럼 생겼지만 해부학적 구조는 침팬지와 인간의 중간적 특징을 보이고 있다.

루시가 최초의 인간이라면 루시와 더불어 문화가 시작되었다

문화는 유전적이지 않은 인간의 삶의 방식이다.
이런 의미로 문화는 자연에 대립한다.

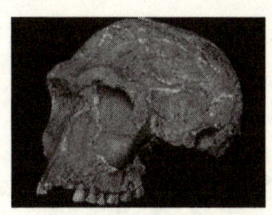

고 하겠지만, 사실 루시의 유골과 더불어 발견된 인간의 소산은 없다. 설사 있었다고 하더라도 남아 있는 것이 없다. 그러므로 남아 있는 인간의 소산을 증거로 문화가 언제 시작되었는지를 정한다면 루시는 그 주인공이 아니다.

그래서 동물은 결코 보일 수 없는 인간적 소산을 보인 고인류에게 문화의 창시자라는 명예는 돌아가게 되는데, 이러한 명예의 당첨자는 175만 년 전의 호모 하빌리스(Homo Habilis) 즉 손쓴사람이다. 왜냐하면 이들의 유골과 더불어 동물에게서는 결코 발견되지 않는 구석기인 조약돌도끼가 발견되기 때문이다.

돌로 만든 도구야말로 인류가 이 세상에서 만들어낸 것들 중 남아 있는 최초의 문화라고 이야기할 수 있다. 그리고 사실 도구는 그만큼 문화의 창조에서 중요한 것이기도 하다. 왜냐하면 인간은 도구를 통하여 만물의 영장이 되었기 때문이다.

인간은 코끼리보다 몸집이 작고, 사자처럼 날카로운 발톱을 가지고 있지도 못하고, 치타처럼 빠르지도 못하고, 독수리처럼 멀리 보지도 못하지만, 이런 것들 모두를 멸종 위기에 빠트리며 오늘날 지구상에 군림하고 있다. 이제 인간은 치타보다 빠른 도구, 독수리보다 멀리 보는 도구, 사자의 발톱보다 더 날카로운 도구, 코끼리보다 큰 도구를 가지고 있다.

물론 인간의 비유전적 소산 즉 문화가 오직 도구만인 것은 아니지만, 우리 인간은 도구를 통하여 지구의 지배자가 되었고 그 밖의 인간의 소산들을 만들 수 있는 여유를 가지게 되었다.

문화는 언제 시작되었는가? 175만 년 전에

인간이 만물의 영장일 수 있는 이유는 인간이 만든 도구 때문이다. 도구는 175만 년 전에 호모 하빌리스가 최초로 만들었다.

마디 12. 문화에 대한 자의식은 언제 생겨났는가?

'문화를 가지고 있는 것'과 '문화를 가지고 있다는 것을 아는 것'은 무슨 차이가 있을까? 손톱을 물어뜯는 습관을 가지고 있으면서 그러한 습관이 내게 있다는 것을 아는 것과 모르는 것은 무슨 차이가 있을까?

내가 그런 습관을 가지고 있다는 것을 안다면 나는 그것을 스스로 고칠 가능성을 가지지만, 그것을 모른다면 그럴 가능성이 전혀 없다. 바로 여기에 자의식의 중요성이 있다. 자의식을 가진 사람은 자신의 삶을 설계하고 수정할 수 있지만 자의식이 없는 사람은 이를 할 수 없다.

고대 페르시아의 왕 다리우스가 그리스 사람을 불러서 물어보았다. 그리스 사람들은 시신을 화장하는 장례 습관을 가지고 있었다. "내가 돈을 얼마나 주면 너희의 아버지가 죽었을 때 그의 몸을 먹겠느냐?" 그러자 그들은 아무리 많은 돈을 주더라도 그런 일을 하도록 유혹할 수는 없을 것이라고 대답하였다. 그 다음에 그는 인도의 한 종족인 칼

자의식을 가진 사람은 자신을 설계하고 변경할 수 있지만
이것이 없는 사람은 이를 할 수 없다.

라티 사람을 불러들였다. 그들은 장례 풍속으로 아버지를 먹는 사람들이었다. 그리고 칼라티 사람에게 물었다. "내가 돈을 얼마나 주면 너희는 아버지가 죽었을 때 그의 몸을 불에 태우겠느냐?" 그러자 그들은 크게 외치며 다리우스에게 결코 그런 말을 말도록 청했다.

이 이야기는 그리스의 역사가 헤로도토스가 전하는 기록이다. 이 이야기에서 우리는 두 가지 사실을 발견할 수 있는데, 하나는 민족마다 장례 풍습이 다르다는 사실이며, 다른 하나는 자신의 장례 풍습을 절대적으로 지키려 한다는 사실이다.

일반적으로 문화에 대한 자의식을 가진 최초의 민족은 고대 그리스 사람들이라고 알려져 있다. 그들은 민족마다 문화가 다르며 따라서 어떤 하나의 문화만이 절대적으로 옳다고 이야기할 수 없다는 사실을 처음으로 깨달은 사람들이었다.

소피스트로 유명한 프로타고라스는 이를 이렇게 표현했다. "인간은 만물의 척도이다." 어떤 일이나 사물이 좋은 것인지 나쁜 것인지는 그 일이나 사물을 보는 사람에 따라 달라질 수 있다는 말이다. 앞의 장례에 대한 문화적 차이를 보면 이를 알 수 있다.

그래서 그리스 사람들은 자연 즉 피시스(physis)와 문화 즉 노모스(nomos)를 구분했다. 오늘날 우리는 이 두 단어를 계속하여 구분하고 있는데, 영어 단어 물리학(physics)과 아노미(anomie)에서 이를 확인할 수 있다. 물리학은 자연을 다루는 학문이고 아노미는 규범이 혼란된 상태 즉 문화적 정체성이 흔들리는 상황을 가리킨다.

그리스 사람들의 문화에 대한 자의식은 르네상스를 통하여 유럽인들에게서 부활되었고, 이것이 유럽문화가 자신의 문화에 대한 자의식을 통하여 계속해서 발전하는 계기가 되었다.

문화에 대한 자의식은 언제 생겨났는가? 고대 그리스 시대에

문화에 대한 자의식을 가진 최초의 사람들은 그리스인들이다.
소피스트인 프로타고라스는 대표적인 인물이다.

마디 13.   문화는 어떤 혁명들을 겪었는가?

인류는 최초의 문화적 소산인 돌로 만든 도구들을 개발하였지만 1만 년 전까지도 동물과 다름없이 수렵과 채취를 통하여 식량을 조달하였다. 식량 수급의 문화적인 변화는 대략 1만 년 전의 신석기혁명(Neolithic Revolution)을 통하여 일어났다.

이때는 마지막 빙하기가 끝나는 시기로 지구의 기후가 따뜻해졌고 이에 따라 초목과 동물이 풍성해졌으며, 마침 인류도 돌을 깨뜨리지 않고 갈아서 만드는 신석기를 개발하였다. 그리하여 인류는 이제 농업과 목축업을 시작하게 되었다. 야생에서 얻던 고기와 곡물을 이제 길러서 얻게 되었던 것이다.

이와 더불어 일어난 다른 중요한 변화는 가부장제의 탄생이었다. 농업과 목축업이 발달하기 전까지 식량은 채취를 담당한 여성들이 주로 공급하였으며 이에 따라 모계 중심의 사회가 형성되었다. 하지만 이제 남성들이 식량의 주공급자가 되자 사회는 부계 중심으로 변경되었다.

이로부터 약 5천 년이 흐른 후 인류는 다시 한번 혁명을 경험하게 되는데, 이를 도

신석기혁명은 농업과 목축업을 탄생시켰고
도시혁명은 경제적이고 정치적인 분업을 탄생시켰다.

시혁명(Urban Revolution)이라고 부른다. 이는 청동기의 발명과 더불어 일어났는데 메소포타미아, 이집트, 인도, 황하 문명이 바로 이러한 혁명의 결과이다.

　도시혁명의 중요한 결과는 수평적이고 수직적인 분업의 성립이었다. 많은 사람들이 모여 살게 되자 각자는 자신이 잘하는 일에 따라 고유한 직업을 가지게 되었다. 하지만 커다란 집단의 질서를 유지하기 위하여 다스리는 자와 다스림을 받는 자, 또 그들을 매개하는 관료들도 생겨났다.

　이러한 도시혁명의 한 예인 이집트 문명의 발생을 영국의 역사학자 토인비는 다음과 같이 분석하였다.

　　옛날에 녹지대였던 사하라 지방이 건조해 버리자, 거기 살았던 주민들의 일부가 남쪽으로 이주하여, 거기서 다시 비슷한 외적 환경을 발견하고 예전과 비슷하게 살아갈 수 있었다. 그러나 다른 일부의 주민들은 그 장소에 그대로 남아서 그들의 생활방식을 바꾸어 변해 버린 사막의 조건에서도 계속 살아갈 수 있었다. 이로써 그들은 이주해 간 사람들보다 더욱 창조적인 인간이 되었다. 그러나 그들도 적응한 것에 불과하다. 이와 다르게 제3의 그룹은 — 이집트인들인데 — 토지를 비옥하게 하기 위해서 나일 강의 펄과 물을 이용할 것을 생각해 내었다.

이집트 문명에서 볼 수 있는 것처럼 문화는 약 5천 년 전쯤 자연을 초월하기 시작한다. 그 이전의 인류의 문화가 자연을 그대로 둔 채 생존을 도모하는 수준에 있었다면, 그 이후 인류의 문화는 자연을 가공하여 생활을 풍요롭게 만드는 수준에  도달하였다. 이집트의 피라미드는 이러한 수준의 문화를 보여주는 생생한 증거이다.

문화는 어떤 혁명들을 겪었는가? 신석기혁명과 도시혁명 그리고 …

고대문명에서 인류는 자연을 초월하기 시작하였다.
피라미드는 인류가 커다란 여유를 가지게 되었음을 보여준다.

〈고대문명의 유적들〉

메소포타미아 문명

이집트 문명

메소포타미아의 지구라트나 이집트의 피라미드는
그 사회가 얼마나 풍요로운 사회였는지를 보여준다.

인도 문명

황하 문명

오늘날에는 4대문명에
아메리카 대륙의 마야 문명을 더하여 5대문명을 들기도 한다.

마디 14.   문화에는 어떤 하위영역들이 있는가?

고대 그리스인들은 최초로 민족문화의 상대성을 자각하였지만 또한 그러한 문화의 세부영역을 구분하기도 했다. 그들이 구분한 세 영역은 기술, 윤리, 예술이다.

문화의 첫 영역은 호모 하빌리스의 조약돌도끼나 이집트인들이 물과 펄을 길어 올린 용두레 즉 샤두프에서 볼 수 있는 것처럼 기술문화이다. 기술문화는 가혹한 인간의 생존조건에서 인간들이 어려움을 극복하고 살아남기 위하여 도구들을 개발함으로써 시작되었다.

호모 하빌리스는 당시의 다른 인종들과 달리 척박한 토양에 살았기 때문에 더 효과적으로 수렵채취 생활을 하기 위해서 조약돌도끼를 개발할 수밖에 없었다. 이집트인들은 나일강 유역의 사막화라는 자연환경의 변화에 대응하여 용두레를 개발함으로써 위기를 기회로 만들었다. 그리스 사람들은 이러한 기술에 테크네(techne)라는 이름을 붙였는데 오늘날 기술을 뜻하는 영어 'technology'에서 그 흔적을 찾아볼 수 있다.

문화의 세 하위영역은 기술, 윤리, 예술이다.
기술은 외적 자연에 대한 인간의 극복이다.

문화의 둘째 영역은 역사가 헤로도토스가 관심을 가졌던 것과 같은 윤리문화이다. 인간은 자기 바깥의 자연을 극복해 나갔을 뿐만 아니라 자기 속의 자연 또한 극복해 나갔다.

이집트에서 노예로 생활하다 모세와 더불어 이집트를 빠져 나온 유대인들에게 모세가 전한 하느님의 계율 십계명은 인간이 자신 속의 자연을 극복해 나가고 있는 모습을 우리에게 보여준다. 조약돌도 끼나 용두레처럼 십계명도 인간으로 말미암아 존재하는 것이며 전자가 외적 자연을 극복하게 해준다면 후자는 내적 자연 즉 인간의 본능과 욕망을 극복하게 해줌으로써 인간을 어려움에서 건져준다. 그리스 사람들은 이러한 윤리에 프락시스(praxis)라는 이름을 붙였는데 오늘날 사회적 관례를 뜻하는 영어 'practice'에서 그 흔적을 찾아볼 수 있다.

문화의 셋째 영역은 오늘날까지 기술이나 윤리처럼 문화로부터 멀리 나아가지 않고 남아 문화적 삶을 대표하고 있는 예술문화이다. 호모 하빌리스와 고대 이집트인들이 보여준 기술은 곧 창조였다. 윤리문화에서 볼 수 있었듯이 이러한 창조가 내적 자연을 향해 있을 때 한편으로는 윤리가 나타나고, 다른 한편으로는 예술이 나타난다.

기술과 윤리가 인간에 의한 것이기는 하지만 여전히 자연의 필연성에 의존하고 대항하여 존립하는 것이라면, 예술은 이러한 필연성으로부터 상대적으로 자유로운 순수 문화적 현상이라고 볼 수 있다. 예술적 삶은 인간에게 감동을 안겨줌으로써 인간을 일상으로부터 행복으로 들어올린다. 그리스 사람들은 이러한 예술에 포이에시스(poiesis)라는 이름을 붙였는데 오늘날 시인을 뜻하는 영어 'poet'에서 그 흔적을 찾아볼 수 있다.

문화에는 어떤 하위영역들이 있는가? 기술, 윤리, 예술

윤리는 내적 자연에 대한 인간의 극복이다.
예술은 자연의 필연성으로 자유로운 순수한 문화적 현상이다.

마디 15.   문화의 다른 대립자는?

앞에서 우리는 문화가 자연에 대립한다고 지적하였다. 하지만 문화의 다른 대립자는 야만이다. 이러한 대립자는 민족문화의 성립과 더불어 등장한다. 고대 그리스 사람들이 자신들의 문화에 대하여 최초로 자각하였다고 하였지만 사실은 소수의 지적인 엘리트들만이 그러하였다.

일반 그리스 사람들은 이방인들을 바바로스(Barbaros)라고 불렀다. 이는 '바르바르'라고 알 수 없는 말을 하는 사람이라는 뜻이다. 이의 영어식 표현은 'barbarian'인데 이는 우리가 알고 있는 것처럼 야만인이라는 뜻이다. 그리스 사람들은 자신들을 문명인이라고 생각하고 이방인들을 야만인이라고 파악하였던 것이다.

하지만 이는 그리스 사람들만의 약점은 아니었다. 이는 여러 민족이 일반적으로 보이는 자민족중심주의(ethnocentrism)적인 태도였다. 자민족중심주의란 자신들의 문화만을 고상하고 우월한 것으로 보면서 다른 사람들의 문화는 저속하고 열등한 것

자민족중심주의는
자문화를 문명적이라 생각하고 타문화를 야만적이라 생각한다.

으로 보는 입장이다. 중화사상을 내세웠던 중국인들도 자신들을 제외한 사방의 사람들 즉 동이(東夷), 서융(西戎), 남만(南蠻), 북적(北狄)들을 모두 야만인으로 간주하였다. 우리도 이러한 예를 쫓아 이민족들을 오랑캐라고 부른다.

자신이 교양이 있다(cultivated)거나 촌스럽지 않다(fashionable)고 말할 때 도사리고 있는 함정은 바로 이와 같은 것이다. 자신의 삶의 방식을 다른 이들의 삶의 방식보다 우위에 놓는 것, 그리하여 자신의 부분적인 우월성을 전적인 우월성으로 확대시키는 것이다.

어떤 의미에서 기술문화와 관련해서는 이러한 비교나 구분이 가능할 수도 있다. '얼마나 큰 힘을 발휘하는 기계를 만들 수 있느냐?'라는 기술적 문제의 해결에서는 우열이 분명히 있을 수 있다. 하지만 예술문화나 윤리문화와 관련해서 이러한 구분을 하기는 어렵다. 장미와 백합 중에서 어떤 꽃이 더 아름답다고 이야기하기 어려운 것과 같다.

그러므로 윤리문화나 예술문화 중심으로 문화를 이야기할 때 우리는 일반적으로 문화상대주의(cultural relativism)적인 입장을 취하게 된다. 인간이 비록 많은 공통점을 가지고 있기는 하지만 그러한 공통점을 실현하는 방법은 문화적으로 다양하다. 그러므로 문화상대주의는 각각의 문화가 그 자체로서 이해되고 평가되어야 한다는 입장을 취한다.

이런 입장을 따를 때 우리는 어떤 문화가 다른 문화보다 우월하거나 열등하거나 고등하거나 하등하다고 비교할 수 없게 된다. 오늘날 인류학자들은 문화 간의 우열을 비교하는 것이 비과학적이거나 주관적이라고 보고 있다.

문화의 다른 대립자는? 야만

문화상대주의는
타문화 또한 자문화와 같이 가치 있다고 생각한다.

마디 16.   근세에서 문명의 의미는?

18세기에 이르러 서구사회는 결정적인 변혁을 이루게 되는데, 이러한 변혁의 수행자들은 자신들의 삶의 방식을 새로운 삶의 방식 즉 문화적이고 문명적인 삶이라고 주장하였다.

이때 문화 내지 문명은 비야만적이고 반봉건적이라는 의미로 사용된다. 과거에 문화나 문명이라는 개념이 이민족과 구별하기 위하여 제기되었다면, 18세기에는 이민족은 물론이고 자신의 과거와 현재를 구별하기 위하여 제기되었다.

하지만 사실 근세에서 먼저 대두된 것은 문화라는 개념이 아니라 문명이라는 개념이었다. 문명이라는 단어를 최초로 사용한 사람은 프랑스의 중농주의자 미라보이다.

통치자들이 … 전권을 가지고 자의적으로 모든 인간관계를 조종한다는 것은 옳지 않다. 고유의 법칙을 가진 사회와 경제는 정부와 권력의 비이성적인 영향력 행사에 대항한다. 그러므로 계몽된 합리적 행정조직을 만들어 사회과정의 '자연법칙들', 즉 이

근세에서 문화와 문명은 반봉건의 의미를 가졌다.
문명이라는 말을 최초로 사용한 사람은 미라보이다.

성에 맞게 통치해야 한다.

그 당시 군주들은 중상주의 정책을 취하고 있었는데, 이는 국가의 부를 축적하기 위해서는 관세 등의 정책을 통하여 보호주의 무역을 해야만 한다는 것이었다. 그러나 미라보와 같은 중농주의자는 거래의 자유, 특히 곡물거래의 자유를 요구했다. 왜냐하면 여러 세력들의 자유로운 활동이, 전통적인 위로부터의 통제와 수없이 많은 교역장애보다는, 소비자와 생산자에게 더 유익한 질서를 창출한다고 생각하였기 때문이다.

이러한 프랑스 사람들의 생각은 곧 영국으로 이어졌는데, 군주가 아닌 일반 소비자와 생산자의 이익을 주장하는 이러한 입장은 영국에서는 벤담과 밀에 의해 공리주의로 정식화되었다.

도덕의 기초로 공리성 즉 최대다수의 최대행복의 원칙을 받아들이는 사람은 어떤 활동이 행복을 증진시키는 경향이 있는 만큼 옳다고 말하며, 그것이 행복에 반대되는 것을 가져오는 만큼 그르다고 주장한다. 행복이란 쾌락이고 고통의 부재이며, 불행이란 고통이고 쾌락의 박탈이다.

이렇게 보면 현대문명의 태동기에 프랑스와 영국의 문명론자들이 문명의 본질로 파악한 것은 합리성과 공리성이었다. 너무나 당연한 것으로 전제되어 간과되는 현대문명의 두 원칙이 18세기에서는 결코 당연한 것이 아니었다는 점을 새삼 주목하게 된다.

근세에서 문명의 의미는? 합리성과 공리성

영국의 문명론자는 공리주의자 벤담과 밀이다.
근세에서 문명은 합리성과 공리성을 의미한다.

마디 17.   근세에서 문화의 의미는?

독일에서 태어나 영국으로 망명했던 사회학자 엘리아스는 근세에서 문명과 문화의 의미를 다음과 같이 비교하였다.

'문명'의 의미가 서구의 모든 나라에서 항상 동일하지는 않다. 특히 영국과 프랑스에서 사용되는 이 개념의 의미와 독일에서 사용되는 의미의 차이는 현격하다. 영국과 프랑스에서 이 개념은 자국의 중요성에 대한 자부심, 서구와 인류 전체의 진보에 대한 자부심을 담고 있다. 그 반면 독일어권에서는 '문명'은 아주 유용한 것이기 하지만 단지 이류급에 속하는 것, 다시 말하면 단지 인간의 외면과 인간 존재의 피상적인 면만을 의미한다. 독일인들이 자기 자신을 해석하며, 자신의 업적과 자신의 존재에 대한 자부심을 표현하는 일차적인 단어는 '문화'이다.

독일인들이 문명을 이류적인 것으로 파악하는 것은 그들이 문명과 문화를 구분하였기 때문이다. 영국인들이나 프랑스인들에게 문명은 정치적, 경제적, 종교적, 기술

프랑스나 영국은 문명을 강조하였지만,
독일은 문화를 강조하며 문명을 이차적인 것으로 간주하였다.

적, 도덕적, 사회적 사실들을 모두 아우른다. 그러나 독일인들에게 문화는 정신적, 예술적, 종교적 사실들만을 가리키며, 따라서 정치적, 경제적, 사회적, 기술적 사실들은 다른 종류의 것으로 치부된다.

독일인들의 이러한 문화이해를 대변하는 한 사람은 철학자 칸트이다. 그는 미라보가 중농주의라는 경제적인 입장에서 합리주의를 주장했던 것과 달리 도덕적인 입장에서 합리주의를 주장하였다. 직업적인 교사가 아니었던 소크라테스적인 전통에서 디오게네스가 견유학파를 창시한 이후 서구문명에는 부와 권력에 대비되는 정신존중의 전통이 늘 있어 왔다. 칸트의 도덕적 합리주의는 이러한 정신존중의 전통과 이어져 있다.

독일의 문화이해를 대변하는 다른 한 사람은 독일 낭만주의의 대표자인 헤르더이다. 그는 프랑스와 영국의 문명주의 즉 계몽주의가 제시했던 인류의 통일성이라는 개념과 진보에 대한 믿음에 대항하여 인간사회들의 다양성과 사회들이 가지는 가치들의 불가공약성을 강조하며 문화상대주의를 주장하였다.

헤르더의 주장은 다음과 같이 요약될 수 있을 것이다. 첫째, 개인이나 민족은 그 존재의 고유한 삶 자체가 일차적 목적이며 그 외의 것들은 부차적 가치를 갖는다. 둘째, 이런 까닭에 개인이나 민족의 삶을 비교하여 선진 여부를 따지는 것은 일차적인 것을 무시하고 부차적인 것을 주목하는 잘못을 범하게 된다. 셋째, 따라서 각 개인이나 민족의 고유한 삶의 방식은 존중되어야 한다.

헤르더는 "유럽인들이 식민지 사람들에게 준 것은 문명이 아니라 그 사람들이 어디에서나 성취할 수 있었을 고유한 문화토대의 파괴이다"라고 지적하면서 특히 서구의 식민지 문화에 대한 멸시와 파괴에 대하여 비판하였다.

근세에서 문화의 의미는? 도덕적 합리주의와 문화적 상대주의

독일의 대표적인 문화론자는 칸트와 헤르더이다.
근세에서 문화는 도덕적 합리주의와 문화적 상대주의를 의미한다.

마디 18. 문화나 문명은 늘 좋은 것인가?

　　이제까지 우리는 문화나 문명을 늘 좋은 것으로 간주하였다. 하지만 자연이 인간에게 가장 좋은 것이라고 생각했던 프랑스의 자연주의자 루소는 인간의 문명이나 문화적인 삶 그 자체가 인간의 자연성의 상실에서 비롯된 것이기 때문에 문명이나 문화는 사악한 것이거나 아니면 잘해야 불필요한 것이라고 보았다.

　　그의 문명비판의 핵심은 문명인이 자신을 주목하지 않고 자신에 대한 다른 사람의 판단을 주목함으로써 인간의 모든 불행을 자초한다는 것이다. 그는 이런 문명인의 마음을 자존심(amour propre)이라고 지적하면서, 이런 자존심 이전의 인간의 마음에는 자기애(amour de soi)와 동정심(pitié)이 있었다고 주장하였다.

　　이와 같은 점을 잘 이해하면 우리의 원시상태, 즉 참된 자연상태에서는 자존심이 존재하지 않는다고 말하고 싶다. 왜냐하면 개인으로서의 인간은 누구나 자기 자신을 관찰하는 오직 한 사람, 우주에서 그에게 관심을 갖고 있는 오직 한 사람의 존재, 자기

■
■　　루소에 따르면
■　　문명인은 자존심을 가지나 자연인은 자기애와 동정심을 가진다.
■

를 그의 가치의 오직 한 사람의 심판자로 간주하기 때문에 그가 할 수 없는 비교라는 것에 그 근원을 두는 감정이 그의 마음속에 싹튼다는 것은 불가능한 일이기 때문이다.

그렇다면 비교라는 이러한 문명적인 원리는 어떻게 해서 인간에게 주어지게 되었던가? 루소에 의하면 그것은 인간이 모여 살게 됨으로써 비로소 생겨나게 되었다. 모여 살게 됨에 따라 "가장 아름다운 노래를 부르거나 춤을 제일 잘 추거나 얼굴이 제일 잘 생긴 사람, 가장 건강한 사람, 재주가 가장 뛰어난 사람 혹은 제일 말을 잘하는 사람이 가장 중요시되었다. 이것이 불평등에의, 그리고 악덕에의 제일보였다. 그 최초의 선택에서 한쪽에서는 허영과 경멸이, 다른 쪽에서는 치욕과 선망이 생겼다."

루소에게 자존심에 근거하는 이러한 문명은 외모만이 도덕과 정의를 내세울 뿐 실제에서는 약탈과 착취가 자행되고, 전쟁과 살육으로 가득 차 있으며, 참상과 공포로 얼룩진 야만 그 자체였다.

그렇다면 우리는 어떻게 해야 하는가? 자존심에 근거하는 문명은 이러한 비극을 구조적으로 내포하고 있기는 하지만 우리가 다시 자연으로 돌아갈 수는 없다. 그러므로 우리는 이러한 문명 속에서 행복을 회복할 길을 찾아야만 한다.

이때 생각할 수 있는 한 가지 방식은 칸트가 제시한 것처럼 우리의 도덕적인 실천이성을 활용함으로써 목적의 왕국을 이루는 것이다. 루소 또한 이성적 능력을 인정하고 있기는 하지만 루소는 이러한 이성이 인간의 자연적 성향인 동정심과 결합함으로써 비로소 인간애와 미덕에 이른다고 보고 있다. 이런 의미에서 루소는 계몽주의자들의 문명개념과 더불어 칸트의 문화개념까지도 부정하고 있다.

문화나 문명은 늘 좋은 것인가? 시각에 따라서는 자연보다 더 야만적일 수 있다.

자존심을 가진 자에게는 허영과 경멸이라는 불행을
가지지 못한 자에게는 치욕과 선망이라는 불행을 가져온다.

마디 19.   문화가 겪은 최근의 혁명은?

앞에서 우리는 문화가 신석기혁명과 도시혁명을 겪었다고 지적하였다. 하지만 문화는 18세기 중반부터 20세기 전반까지 산업혁명(Industrial Revolution)을 겪게 되며, 20세기 후반부터 오늘에 이르러서는 또한 정보혁명(Information Revolution)을 겪게 되었다.

정보혁명은 오늘날에도 아직 진행되고 있기 때문에 그 추이를 정확하게 지적하기는 어렵지만, 산업혁명이 문화에 가져온 결과는 대략 정리해 볼 수 있다. 이러한 결과를 문화의 하위영역별로 나누어 살펴보면 다음과 같다.

기술문화에서 본다면 20세기는 인류 역사에서 특히 기록할 만한 세기였다. 어떤 미래학자는 19세기까지 인류가 축적해 온 지식보다 더 많은 지식이 20세기에 생산되었다고 말하기도 했지만, 기술문화적 관점에서 가장 괄목할 전환은 수공업적 생산방식에서 기계공업적 생산방식으로의 완전한 전환이었다.

과거의 생산이 장인들의 솜씨에 의거해 있었다면 근대의 생산은 공장의 기계들에

산업혁명을 통하여 문화의 하위영역은 본질적으로 변화되었다.
수공업적 기술문화에서 기계공업적 기술문화로

의거해 있게 되었다. 물론 공장의 기계들은 근대적 과학기술의 산물들이다. 이런 차
원에서 기술은 20세기의 중요 관심사로 대두되었다.

물질문명은 가시적이고 물리적인 것으로서 인류에게 직접적으로 충격을 주었지
만, 이에 못지않게 인류의 삶을 바꾸어 놓은 것은 또한 윤리문화이다. 그리스인들도
지중해의 여러 문화를 접하고서 문화적 충격을 받았지만, 20세기 기술문화의 발달
에 따른 수송과 통신의 발달은 인류에게 전 세계적인 충격을 안겨 주었다.

인류는 이러한 충격을 한참 성공을 거두던 과학적 반성의 입장에서 수용하였는데,
그 결과는 인습적 윤리문화를 버리고 합리적 윤리문화를 선택하는 것이었다. 합리성
의 의미에 대하여 여전히 논란이 있기는 하지만, '합리적이지 않다'라는 표현은 앞
마디의 의미에서 '문화적이지 않다'라는 표현과 같은 의미로 사용되게 되었다.

이러한 기술문화와 윤리문화의 변화에 힘입어 예술문화 또한 그에 못지않은 전환
을 이루었는데, 이는 민족적이고 귀족적인 문화로부터 세계적이고 대중적인 문화로
의 전환이라고 부를 만하다. 근대 이전에 각 민족은 민족 고유의 문화적 삶을 유지하
고 있었으며, 문화는 또한 소수의 선택받은 사람들의 전유물로 간주되곤 했다.

하지만 근대세계와 더불어 민족문화는 다른 민족문화들
과의 문화접변을 피할 수 없게 되었으며, 문화적인 삶을 누
리는 인구의 수는 폭발적으로 늘어났다. 이제 대부분의 사
회는 다문화적인 상황에 놓이게 되었으며 동시에 대중문화
를 특징으로 하는 대중사회로 전개되었다. 흔히들 21세기를 문화의 세기라고 부르는
데, 이는 기술이 중심이었던 20세기와 대립되어 예술이 21세기의 중심이 될 것이라
는 예측이다.

문화가 겪은 최근의 혁명은? 산업혁명과 정보혁명

인습적 윤리문화에서 합리적 윤리문화로
민족적이고 귀족적인 예술문화에서 세계적이고 대중적인 예술문화로

마디 10. 고대의 문화와 근세의 문화

문화의 본격적인 전개는 1만 년 전에 시작되었으며
우여곡절을 거쳐 오늘에 이르렀다.

MEMO

문화는 애초에는 유용성으로 시작하였으나
곧 스타일이 덧붙여졌다.

문화는 애초에는 유용성으로 시작하였으나
곧 스타일이 덧붙여졌다.

 **마디 20. 유용성의 문화와 스타일의 문화**

문화는 애초에 유용성의 문화로 출발하였지만 도시혁명과 더불어 스타일의 문화가 덧붙여졌다. 하지만 덧붙여진 스타일의 문화가 사실 문화의 본류가 되고 유용성의 문화는 스타일의 문화의 전제로서 뒷전으로 물러났다.

문화의 본류가 된 스타일의 문화는 16세기 영국의 궁정에서 중요한 변화를 겪고서 18세기에는 시민에게로, 20세기에는 대중에게로 확대되었다. 그래서 오늘 우리는 16세기 영국에서 시작되고 20세기 미국에서 대중에게 넘겨진 스타일의 문화 속에 살고 있다.

20으로 시작되는 마디들에서 이러한 스타일의 문화를 알아보자.

새로운 스타일 문화는 궁정에서 시작하여 18세기에는 시민에게, 20세기에는 대중에게 퍼져 나갔다.

마디 리. 유용성과 스타일의 관계는?

호모 하빌리스가 조약돌도끼를 만들었던 이유는 유용성 때문이었다. 그러한 도구는 사바나라는 어려운 환경에서 살아남는 데에 유용했다. 하지만 도구가 점차 발달하자 석기시대에 이미 인간은 여가시간을 가질 수 있게 되었다. 우리는 이러한 석기시대의 상황을 직접 확인할 수는 없다. 하지만 아프리카나 아마존의 오지에서 아직도 석기시대 방식으로 생활하는 사람들의 삶을 통하여 석기시대의 삶을 엿볼 수는 있다.

칼라하리 사막의 쿵 부시맨(Kung Bushmen)과 같은 집단을 연구한 결과에 따르면, … 이들 사냥꾼들이나 채취자들은 하루 3-4시간만 일해도 기초적 욕구에 필요한 물질을 구할 수 있었다.

마치구엔가 족이 일을 할 때면 … 그들은 차분하고, 육체적으로 고되지 않다. 그들은 바느질을 하거나 옷감을 짜거나 상자나 활과 화살을 만드는데, 우리가 취미나 공예를 즐기듯이 그런 일을 즐기는 것 같다.

자기애에 입각한 문화는 유용성의 문화이다.
자존심에 입각한 문화는 스타일의 문화이다.

루소의 주장대로 석기시대의 인간들은 자기애와 유용성에 입각하여 생활하였기 때문에 단순하지만 여유 있는 생활을 하였다. 하지만 도시혁명이 일어나자 많은 사람들이 모여 살게 되었고 자존심과 스타일에 대한 관심이 인간의 마음에 자리 잡게 되었다. 이렇게 되자 유용성의 문화에 스타일의 문화가 덧붙여지게 되었다. 인간들은 자신의 스타일이 다른 인간들의 것보다 낫다는 것을 입증해야만 했고, 이를 위해서 소위 스타일 문화를 갖추어야 했다. 과거의 삶에서 이러한 스타일 문화는 유용성과 무관한 재화로 나타나며 이를 소유한 사람은 사회의 지배층이다.

나이지리아의 베누에 강 양쪽 기슭에 사는 티브(Tiv) 족에게 철제 장대는 명예를 유지하기 위한 것으로 간주되었으며, 일상용품은 생계에 필요한 것으로 구분되었다. 소수의 특권 집단만이 이런 철제 장대를 소유함으로써 자신들의 권위를 확보하였다.

도시혁명의 한 예인 이집트 사람들을 보면 샤두프는 유용성의 문화, 민중의 문화이지만, 피라미드는 무용성의 문화, 왕의 문화이다. 물론 유용성의 문화와 스타일의 문화가 반드시 이렇게 다른 산물로 드러나는 것은 아니었다. 예컨대, 왕이나 귀족들의 의복은 유용하면서 동시에 스타일리시한 것이었다. 이럴 때 유용성은 스타일에 의해 뒷전으로 물러나게 된다.

역사의 대부분에서 유용성의 문화와 스타일의 문화는 나란히 전개되어 왔다. 사람들의 대부분은 유용성의 문화 속에서 살고 있었지만, 소수의 사람들은 또한 스타일의 문화를 누렸다.

유용성과 스타일의 관계는? 도시혁명 이후에는 나란히

유용성의 문화와 스타일의 문화는 구분되기도 하지만 일반적으로 하나의 문화산물에 포개져서 나타난다.

마디 22.   스타일 문화의 다양한 기법들은?

스타일 문화는 자존심에 기초하고 있기 때문에 사물의 지배력에 의존한다. 자기보다 큰 것에 대해서 우리는 일반적으로 위압감을 받는다. 덩치가 크거나 힘이 센 동물에서 느끼는 두려움은 이와 같은 것이다. 스핑크스나 피라미드는 그 크기가 더욱 크다. 자금성이나 만리장성도 마찬가지이다. 이와 같은 거대 건축물은 바로 이러한 위압감을 이용하여 왕의 권위를 높이고 있다. 물론 크기만이 중요한 것은 아니며 화려함과 같은 다른 특성들도 또한 마찬가지로 권위를 높이는 방식이다.

스타일을 자랑하는 다른 한 방법은, 특히 새로 스타일을 갖게 된 사람에게 오래 전부터 스타일을 가졌던 사람들이 스타일을 자랑하는 한 방법은, 오래되었다는 것을 내세우는 것 즉 고색창연(patina)의 전술이다.

예컨대 16세기 영국에서는 5세대 규칙(five generation rule)이라는 것이 있었다.

이것은 한 가족이 완전히 신사층으로 간주되기에 충분한 명예와 지위를 축적하는 데 요구되는 세대의 수였다. 이만큼의 긴 기간이 있어야 서민의 때를 씻어낼 수 있었

■
■   스타일 문화는 사물의 지배력을 이용한다.
■   거대한 크기와 화려함은 사람들에게 위압감을 준다.
■

다. 이처럼 오랫동안의 사회적 수습기간이 있어야만 신사 지위의 특권에 완전히 참가
하는 가족의 권리를 획득할 수 있었다.

예를 들어 고조할머니가 마련한 은제식기는 바로 신사 가문
의 증명서였다. 하지만 일반적으로 통용된 증명서는 가족의 초
상화였다. 집 안에 걸린 조상들의 초상화는 자신이 역사 있는
가문의 후손임을 직관적으로 보여주었다.

하지만 이런 고색창연한 물건들은 골동품 시장에서 구입 가능하였다. 그러므로 돈
으로 해결할 수 없는 스타일이 추가적인 입증자료로 채택되었는데 이를 보이지 않는
잉크 전략(invisible ink strategy)이라고 일컫는다.

일정한 사회집단이 일정한 종류의 지식(노래, 시, 놀
이, 춤, 와인, 예법, 의복 등등)을 연마해서, 그것들을 결
정적이며 가장 뚜렷한 소속기호로 삼는다. 이 전략에서
가장 교활한 것은 그것이 적용되는 사람들에게는 그것이
종종 눈에 보이지 않는다는 것이다. 예를 들면 사칭자들은 부적당한 작곡가를 좋아하
는 사람이라고 밝힐지도 모른다. 그러면 바로 그는 마치 목에 '우리의 일원이 아니다'
라는 팻말을 두른 것처럼 그의 '외집단' 지위를 분명하게 알린 것이 된다.

스타일 문화는 이러한 다양한 기법들을 통하여 스타일리시한 삶과 그렇지 못한 삶
을 구분해 왔다. 하지만 스타일 문화는 16세기에 중요한 변화를 겪게 된다.

스타일 문화의 다양한 기법들은? 사물의 지배, 5세대 규칙, 보이지 않는 잉크 전략

스타일 문화의 고참들은 5세대 규칙이나
보이지 않는 잉크 전략을 통하여 신참들과 자신을 구분한다.

마디 23.   스타일 문화는 어떻게 바뀌었는가?

 스타일 문화는 16세기 영국 엘리자베스 1세의 궁정에서 중요한 변화를 겪게 된다. 그녀가 처음 영국의 왕이 되었을 때 강력한 영주들 때문에 그녀는 제대로 된 왕 노릇을 하기가 어려웠다. 그래서 그녀는 파티 정책을 통하여 영주들을 길들이기 시작하였다.

파티 정책이란 영주들에게 최대한 화려하고 사치스러운 파티로 자신에게 충성심을 보이도록 요구하는 것이었다. 이러한 과소비적인 파티의 결과 영주들은 가난해져 갔으며 왕실 하사금을 받기 위하여 여왕에게 더욱 종속적으로 되었다.

이러한 와중에 스타일 문화는 이제 그 전술을 바꾸게 되었는데, 고색창연의 전술이 퇴색하고 새로움(novelty)의 전술이 대두하였다. 대대손손 물려줄 수 있는 내구재로 스타일을 견주던 것이 이제는 최신의 것으로 스타일을 견주게 되었다.

사실 오늘날 우리의 스타일 문화는 바로 이러한 엘리자베스 1세의 궁정 스타일 문화를 잇고 있다. 우리는 때로 고색창연한 것을 자랑하기도 하지만, 대개는 새로운 것을 자랑한다. 선조들이 물려준 골동품도 자랑거리가 되지만, 새로 장만한 자동차가

엘리자베스 1세의 파티 정책에 따라
스타일 문화에 중요한 변화들이 생겨났다.

더 자랑거리가 된다. 하지만 더 중요한 것은 파티 정책의 계승이다. 엘리자베스 1세는 소비경쟁을 유도하여 빈곤하게 만들고, 빈곤하게 만들어 종속시켰는데, 오늘날 기업가들도 우리에게 온갖 스타일 용품을 제공함으로써 소비경쟁을 유도하여 빈곤하게 만들고, 빈곤하게 만들어 종속시키고 있다.

과거의 여왕은 충성심을 증명해 보이라고 요청함으로써 이러한 소비를 격발시켰지만, 오늘날 기업가들은 광고를 통하여 소비자들을 유혹한다는 점에서 다르다. 하지만 스타일 문화가 종속을 강화시킨다는 점에서 여전히 지배의 수단이 된다.

이 당시의 스타일 문화의 또 다른 변형은 도시소비와 지방소비의 차별화이다. 여왕은 영주들을 런던으로 소집하였기 때문에, 런던과 지방은 상당히 다른 스타일 문화를 가지게 되었다.

전에는 [지방] 상위자의 소비와 하위자의 소비 사이에 정도의 차이(difference of degree)가 있었지만, 이제는 종류의 차이(difference of kind)가 있었다. 이제는 상위자와 하위자가 서로 다른 사물을 원하였다. 일종의 라이프스타일의 분화가 일어나고 있었다. 사회적 지위에서의 차이가 스타일, 미적 선호, 태도 등에서의 차이가 되었다.

지방민들은 "귀족들이 이제는 '바다 저쪽의 냄새가 나는' 제품과 서비스를 채용한다"고 비꼬기는 하였지만, 귀족들의 삶의 방식을 거부하지는 못했다. 오늘날의 명품 소비도 바로 이러한 분화된 소비의 연장선상에 있다.

스타일 문화는 어떻게 바뀌었는가? 새로움의 스타일 문화를 통한 종속의 강화

새로운 스타일 문화는
새로움을 강조하며 도시와 지방을 분화시키고 종속을 강화시킨다.

〈엘리자베스 1세의 생애〉

 튜더 왕조의 헨리 8세와 두 번째 왕비 앤 불린의 딸로 1533년에 태어났다. 이복 언니인 메리 1세가 죽자 뒤를 이어 1558년 그녀의 나이 25세에 즉위하였고, 에스파냐 왕 펠리페의 구혼을 받았으나 즉위하면서 이를 거절하였다. 그녀의 오랜 치세는 영국의 절대주의 전성기를 이루었으므로 국민으로부터 '훌륭한 여왕 베스'라고 불리며 경애의 대상이 되었다.

종교정책에서 전 여왕 메리 1세의 가톨릭적 반동에 의해서 신구 양파의 항쟁이 격화되었을 때, 여왕은 수장령과 통일령(1558)을 부활하여 국왕을 종교상의 최고 권위로서 인정받도록 하는 동시에 전 국민에게 국교회의 의식과 기도서를 강제로 지키게 함으로써 국교의 확립을 꾀하고 가톨릭과 퓨리턴을 억압하여 종교적 통일을 추진하였다. 의회에 대한 행정은 강제와 양보의 양면작전으로 조종하여 권한을 축소시켰고, 45년 간의 치세 중에 의회를 열지 않은 횟수는 불과 10회였다

화폐의 개주를 단행하고, 금과 은의 가치를 일정하게 하여 화폐제도를 통일하고, 물가의 앙등을 억제하였다. 또 도제조례(1563)에 의하여 노동시간과 임금 등을 정하였으며, 빈민구제법(1601)에 의하여 인클로저 운동과 수도원 해산으로 인해 토지를 잃은 농민의 무산화를 방지하였다. 유리, 제당, 제분, 금속, 광산 등 각종 공업 분야에 독점권을 부여, 이의 보호육성을 도모하는 등 중상주의 정책을 채용하였다. 특히

엘리자베스 1세의 정책 즉 상호경쟁, 빈곤화, 종속화는
오늘날 모든 문화영주들의 모범이 되었다.

역점을 둔 공업, 이를테면 모직물 공업의 발전은 상인의 해외 진출을 촉진하게 하였으며, 회사조직에 의한 많은 무역단체에게 특허장을 교부하여 조직함으로써 무역의 확대와 해외 진출을 도모하였다.

영국의 동인도회사의 설립(1600)과, 월터 러리에 의한 북아메리카의 버지니아 식민지의 기초가 확립된 것도 이 무렵의 일이었다. 당시 최강을 자랑하던 에스파냐의 압력에서 벗어나기 위하여 펠리페 2세의 구혼을 거절하는 한편 네덜란드의 독립을 도왔으며, 에스파냐의 미국과의 무역선을 드레이크와 호킨스에게 명령하여 습격함으로써 에스파냐 선박의 해상 지배를 위협하였다.

여왕의 치세 중 영국은 하나의 섬나라에서 대해상국으로 성장할 기초가 이루어졌고 '명랑한 잉글랜드'가 이루어졌다. 문화면에서도 영국 르네상스라고 불리는 국민 문학의 황금시대가 도래하여 셰익스피어, 스펜서, 베이컨 등의 학자와 문인이 속출하였고, 영국의 절대주의는 절정에 이르렀다. 그러나 1590년 이후부터는 퇴색되어 '반독점 논쟁'에서는 하원의 공격을 받기도 하였다. 그녀는 처녀여왕으로서 노쇠하여 1603년에 죽었다.

엘리자베스 1세의 통치 중에 영국은 강대국으로 부상하였고 이후 수세기 동안 세계 역사를 주도하게 된다.

마디 24. 스타일 문화는 누구에게 퍼져 나갔는가?

16세기 말 엘리자베스 1세의 궁정에서 시작된 새로운 스타일 문화는 계속 발전하여 18세기에 이르면 산업혁명을 통하여 궁정이나 귀족을 넘어서 시민들에게까지 퍼져 나가게 된다. 14세기의 페스트처럼 18세기의 소비는 유행병처럼 번져 나갔다.

전에는 남자들과 여자들이 그들의 부모에게서 물려받기를 희망했지만 이제는 그들 스스로가 살 생각을 하였다. 전에는 필요에 따라 샀지만, 이제는 유행에 따라 샀다. 전에는 평생동안 쓰기 위해 샀지만, 이제는 여러 번 살 수 있었다. 전에는 시장, 박람회[견본시], 행상인의 중개를 통해서 축제일과 휴일에만 구입할 수 있었지만, 이제는 계속 늘어가는 가게와 가게 주인의 네트워크라는 추가된 매체를 통해서 일요일을 제외하고는 매일 구입할 수 있는 기회가 늘어났다. 그 결과 '사치품(luxuries)'은 단지 '있으면 좋은 것(decencies)'으로 여겨지게 되었고, '있으면 좋은 것'은 '필수품(necessities)'으로 여겨지게 되었다. '필수품'조차도 스타일, 다양성 및

16세기 궁정의 스타일 문화는
18세기 시민에게 퍼져 나갔다.

구입 가능성에서 극적인 변화를 겪었다.

　오늘 우리의 상황도 18세기의 상황과 통하는 것이 있다. 전에는 사람들이 돈을 벌어서 그 돈으로 물건을 샀지만, 이제는 외상으로 살 생각을 한다. 전에는 이웃사람들이 가진 것을 샀지만, 이제는 탤런트들이 가진 것을 산다. 전에는 사용하기 위해서 샀지만, 이제는 쌓아놓기 위해서 산다. 전에는 일과가 끝난 다음이나 주말에 가게에 가서 샀지만 이제는 홈쇼핑과 인터넷 쇼핑이라는 추가된 매체를 통해서 하루 24시간 언제나 구입할 수 있게 되었다. 그 결과 사치품이니 있으면 좋은 것이니 필수품이니 하는 구분은 사라지게 되었다. 세상의 모든 것은 원하는 것과 원하지 않는 것으로 나누어지게 되었다. 21세기적인 소비상황이 18세기적인 소비상황의 연장선상에 있다는 것을 쉽게 알 수 있다.

JOHN KENNETH
GALBRAITH

　16세기의 스타일 문화가 18세기에는 시민에게로 20세기에는 대중에게로 퍼져 나갔는데, 20세기 미국의 경제학자인 갤브레이스는 이러한 스타일의 문화는 의존효과에 근거한다고 지적하였다.

　인간의 자연적인 필요에 의해서 일어난 본래의 욕망(original wants)이 유용성의 문화에 의해 완전에 가깝게 충족되면 이제 비자연적인 인위적으로 조작된 욕망(contrived wants)에 의해 스타일의 문화가 생겨나며, 이후 경제는 이러한 조작된 욕망에 의존하게 된다는 것이 의존효과이다. 본래의 욕망은 생물로서의 자기애 때문에 생겨나는 것이지만 조작된 욕망은 타인보다 낮고자 하는 자존심 때문에 생겨난다. 이러한 자존심의 문화, 스타일의 문화는 점차적으로 그 세력을 넓혀서 18세기에는 시민사회로 퍼져 나갔고 20세기에는 대중사회로 번져 나갔다.

　스타일 문화는 누구에게 퍼져 나갔는가? 18세기 시민에게, 20세기 대중에게

20세기에는 대중들도 스타일 문화를 누리게 되었는데,
갤브레이스는 이를 의존효과로 설명하였다.

마디 25. 유행이란 무엇인가?

이러한 스타일 문화의 전파 중에 스타일이 사회의 상위 구성원으로부터 하위 구성원에게로 흘러가는 독특한 현상이 생겨나는데, 이러한 현상을 유행(fashion)이라고 부른다.

유행은 높은 사람들의 스타일 문화로부터 시작된다. 높은 사람들이 새로움을 보이면, 낮은 사람들을 그 새로움을 흉내 내었다. 그것이 유행의 본질이었다. 하지만 낮은 사람들이 흉내 내는 새로움은 이제 더 이상 새로움이 될 수 없었다. 그러므로 높은 사람들이 계속하여 스타일을 확보하려면 새로운 새로움을 강구해야만 했다. 이러한 방식으로 유행은 변화하며 흘러 나갔다.

19세기 독일의 사회학자 짐멜은 이러한 유행의 흐름을 트리클다운(trickle-down)이라고 일컬으면서, 유행의 원리를 다음과 같이 설명하였다.

모방(imitation)의 원리를 따르는 하위의 사회집단은 상위집단의 의복을 채용함으로써 새로운 지위주장을 확립하려고 한다. 차이화(differentiation)의 원리를 따르는

18세기에 생겨난 유행은
지체 높은 사람들의 스타일 문화와 그것의 모방이었다.

상위의 사회집단은 새로운 패션을 채용하는 것으로 대응한다. 옛 지위표지(status marker)는 버려지고, 하위집단의 요구에 넘기며, 새로운 것이 선택된다. 이렇게 해서 상위집단은 그 자신에게 독특한 지위표지를 계속 지니면서, 그 지위표지가 의미하는 지위의 차이(status difference)를 유지한다.

오늘날에도 스타일리시하게 보이고 싶은 사람은 유행을 열심히 뒤쫓아야 한다. 유행이 바로 스타일이기 때문이다. 하지만 오늘날 유행은 과거 계급사회에서처럼 흘러내려가지 않는다. 과거 왕이나 귀족들이 담당했던 역할을 오늘날에는 대중문화의 탤런트들이 담당하고 있다. 하지만 더 큰 차이는 이러한 흐름이 이제 다양한 방향으로 전개되고 있다는 점이다. 재즈에서 보듯이 하층계급에서 상층계급으로 흘러가기도 하고, 청바지에서 보듯이 남자나 젊은이에서 여자나 늙은이에게 흘러가기도 한다.

여하튼 이러한 유행의 흐름을 재빠르게 알아채고 이를 이용함으  로써 최초의 시장조작자라는 명예를 차지한 사람이 있었는데, 그는 영국의 전통 있는 도자기공이었던 웨지우드이다. 그는 자신이 만드는 훌륭한 도자기를 좀 더 효과적으로 판매할 계책을 수립하였다. 그것은 자신의 도자기를 왕실에 납품하는 것이었다. 웨지우드가 영국 왕실 도자기가 되자, 귀족들이 웨지우드를 구입하기 시작하였으며, 이어서 시민들도 웨지우드를 구입하기 시작하였다. 물론 왕실에도 새 버전의 웨지우드를 공급하였다.

웨지우드의 이러한 마케팅 때문에 온 영국민이 웨지우드를 구입하게 되었으며, 심지어 오늘날에는 우리나라에서도 명품으로 웨지우드를 구입하고 있는 실정이다.

유행이란 무엇인가? 상위 사람들의 스타일 문화와 그것의 모방

유행의 원리를 이용하여 최초의 시장조작을 시도한 이는
영국의 도자기업자 웨지우드였다.

마디 26. 꿈의 세계란 무엇인가?

영국에서는 궁정의 스타일 문화가 산업혁명을 통하여 시민에게 전파되었지만, 프랑스에서는 궁정의 스타일 문화가 프랑스혁명을 통하여 소시민에게 넘겨졌다. 영국의 시민계급은 상당한 부를 가진 사람들이었지만, 프랑스의 소시민계급은 충분한 부를 가지지 못한 그러한 계급이었다. 그래서 19세기 프랑스 사람들의 스타일 문화는 영국의 스타일 문화와 다른 특징을 가지게 되었는데, 이것을 꿈의 세계(dream world)라고 부른다. 왜냐하면 프랑스에서 스타일 문화는 당장 흉내 낼 수 있는 것이 아니라 먼 미래에 흉내 낼 희망사항으로 작동하였기 때문이다.

이러한 스타일 문화의 전형은 에펠탑으로 유명한 1889년 만국박람회나 1852년 문을 연 세계 최초의 백화점 봉 마르셰에서 찾아볼 수 있다. 박람회나 백화점의 인테리어 디자인은 혼란스러운 이국정취로 가득 차 있었다. 여러 민족, 지리, 심지어는 신화의 테마들에 대한 모순된 암시로 가득 차 있는 엉뚱한 인테리어가 보통이었다. 그리하여 어떻게 보면 일상과의 거리를 표현하는 것이면 아무것이나 모

18세기 영국의 스타일 문화가 소비붐이라면
19세기 프랑스의 스타일 문화는 꿈의 세계이다.

아놓은 것처럼 보이기까지 했다.

이러한 스타일 문화의 스타일에 숨겨진 비밀은 무엇인가? 그것은 유토피아이다. 유토피아(utopia)는 보통 이상향이라고 이해되지만 어원적으로는 있지 않은 곳이라는 뜻이다. 그러니까 유토피아라는 말에는 이상향은 결코 도달할 수 없는 곳이라는 의미가 들어 있다.

왜 프랑스의 스타일 문화는 일상으로부터의 거리를 강조하는 정책을 취하고 있는 가? 그것은 그러한 스타일 문화의 추동력이 일상이 아닌 이상 즉 유토피아에 있기 때문이다. 소시민들에게 유토피아를 보여줌으로써 그곳에 이르는 꿈을 키우게 하고 그 꿈으로 현실의 어려움을 이겨내게 하기 때문이다.

박람회와 백화점의 장식은 내가 언젠가 가야 할 곳, 하지만 지금은 갈 수 없는 곳, 그곳을 임시로 맛보게 하는 맛보기 내지 예고편이었다. 그래서 이는 '희망과 이상으로의 가교' 즉 다리라고 불리기도 했다.

재화는 그것이 아직 소유되지 않고 단지 탐내어지기만 해도 가교 구실을 한다. 구매하기 훨씬 전에, 사물은 장래의 소유자를 전이된 의미(displaced meaning)와 연결시키는 데 도움이 될 수 있다. 개인은 재화의 소유를, 그리고 이 재화와 더불어 지금은 단지 멀리 떨어져 있는 위치에 있을 뿐인 어떤 이상적인 환경의 소유를 예상한다.

귀족이나 시민에게 스타일의 문화는 당장 향유할 수 있는 것이었지만, 소시민이나 대중에게 스타일의 문화는 그렇지 못했다. 그러므로 소시민과 대중에게는 스타일은 아직 이루어지지 않은 꿈, 그리고 미래에 이룰 꿈일 수밖에 없었다.

꿈의 세계란 무엇인가? 소시민과 대중의 스타일 문화

만국박람회의 에펠탑이나 봉 마르세 백화점은 꿈의 세계를 보여주는 전형적인 창이다.

마디 27. 꿈의 세계를 쉽게 이루는 방법은?

19세기에 꿈의 세계의 대표적인 쇼윈도는 박람회나 백화점이었다. 박람회나 백화점은 "특정한 물품의 즉각적인 구매"를 수행한 것이 아니라 "자유롭게 떠도는 욕망을 자극"하였다. "소비자들은 이국적인 세계와 소비재의 환상적인 표현을 흡수하면서 백화점 안을 마음대로 돌아다니도록 권유받았으며, 구매의 의무 없이 이 놀라운 환경에 참가하는 것이 허용"되었다.

하지만 백화점은 꿈의 세계의 쇼윈도에 그치지 않고 꿈의 세계를 더욱 손쉽게 이룰 수 있는 장치를 개발하였다. 그것은 바로 신용할부거래제도였다.

"비인격적이고 합리화된 대규모 분할구매제도의 창조"에 의해서 돈을 빌리는 것이 가능해졌다. 얻기 어려운 것이 갑자기 수중에 있었다. … 이 혁신이 특히 근대적인 소비에 매우 꿈 같은 성질을 주는 데 도움을 주었다.

■
■   백화점은 꿈의 세계의 쇼윈도이기도 하지만
■   꿈의 세계를 손쉽게 이루는 장치인 신용할부거래를 개발하기도 했다.
■

백화점이 개발한 이 신용할부제도는 오늘날 크레디트카드 제도로 변경되어 꿈의 세계를 더 일찍 현실로 만드는 수단으로 사용되고 있다.

하지만 이러한 제도는 악마와의 거래라고 일컬을 만하다. 악마와 인간이 거래하는 이유는, 인간은 자신의 능력으로 얻을 수 없는 것을 악마를 통해서 얻고 악마는 인간의 영혼을, 더 구체적으로는 어떤 시점 이후의 그의 삶을 얻기 때문이다.

인간은 일단 이 계약을 맺고 나면 취소할 수 없거나 심각한 손해를 보고서만 취소할 수 있다. 신용할부구매의 성격은 바로 이와 같은 것이다. 빚을 짐으로써 지금 얻을 수 없는 것을 지금 얻고 대신에 자신의 미래를 미리 파는 것이다.

이러한 신용할부제도는 소비와 지불의 시차를 이용한 일종의 자기분리 현상에 의해 작동된다. 즉 구매하는 사람은 지불하는 사람과 같은 사람이면서도 시간의 차이 때문에 구매 시점에서는 자신이 지불하는 사람이라는 것을 절실하게 느끼지 못한다는 현상을 이용하는 것이다.

이렇기 때문에 신용할부제도는 실제적으로 구매능력이 없어도 재화를 획득할 수 있게 하고, 그래서 값을 지불하지 않고도 상품을 획득하고 소비할 수 있다는 일종의 횡재감에 빠져들게 하지만, 대금을 지불할 날이 다가오면 이러한 순간적인 횡재감은 곧 부채에 대한 부담감으로 바뀌고 만다. 신용거래는 악마와의 거래가 가지는 속성을 이처럼 동일하게 가지고 있다.

신용할부제도에서 오늘의 소비증가는 미래의 노동을 볼모로 잡기 때문에 가능한 것이다. 소비자는 돈을 벌기도 전에 미리 써버리는 습관, 또 일하기도 전에 그 일의 대가를 미리 소비하는 악덕을 익히게 된다.

꿈의 세계를 쉽게 이루는 방법은? 신용할부제도

신용할부거래는 악마와의 거래와 같다.
지금 얻을 수 없는 것을 지금 얻는 대신 미래를 미리 파는 것이다.

마디 28. 대중은 언제부터 스타일을 누렸는가?

독일의 철학자 헤겔은 역사가 자유를 누리는 사람의 숫자가 증대되는 방향으로 발전하여 왔다고 지적하였다. 스타일의 문화를 이것에 적용해 보면 역사는 스타일의 문화를 누리는 사람의 숫자가 증대되는 방향으로 발전하여 왔다고 말할 수 있다.

스타일의 문화를 누리는 사람들은 왕에서 귀족으로 그리고 시민과 소시민으로 확장되어 왔다. 하지만 사회의 전체 구성원인 대중에게까지 스타일의 문화가 확장되기 위해서 문화는 더 큰 풍요를 가져온 산업혁명의 완성을 기다려야만 했다.

이런 의미로 산업혁명을 완성시키는 데에 결정적으로 기여한 사람은 미국의 자동차 사업가인 포드이다. 그는 생산의 표준화와 이동조립법을 창안함으로써 모든 사람이 스타일의 문화를 누릴 수 있는 풍요를 확보하였다.

포드는 자동차 공장의 노동자라면 스스로 차를 살 수 있을 정도로 여유가 있어야만 하며 일요일 오후에 그 차를 타고 드라이브를 즐길 수 있어야 한다고 생각했다. … 포

사회의 전체 구성원인 대중이 스타일을 누리게 된 것은
1920년대 미국 포드에 의해 촉발된 산업혁명의 완성을 통해서이다.

드에게 진짜 중요했던 것은 대량소비였다. 그는 공장 노동자에게 실제 생활 임금을 주고 훨씬 적은 돈을 들여 훨씬 적은 시간에 훨씬 많은 자동차를 생산한다면, 모든 사람이 차를 살 수 있을 것이라고 생각하였다. … 1914년 포드는 그의 최고의 공헌이 될 일당 5달러 계획을 가지고서 세계를 놀라게 하였다. 그 당시 자동차 산업계의 평균임금은 9시간 교대근무에 2.34달러였다. 포드는 임금을 두 배로 하였을 뿐만 아니라 근무시간도 한 시간 줄여버렸다.

두 발로 걷는 것은 유용성의 문화이지만, 말이나 마차나 자동차를 사용하는 것은 스타일의 문화이다. 포드는 이러한 스타일의 문화를 누구나 누릴 수 있도록 하는 방식을 창안하였다. 전 산업계는 포드의 이러한 생산방식을 받아들임으로써 산업혁명을 완성하였다.

대중의 스타일 소비를 가능하게 만든 포드의 공헌은 세 가지로 요약될 수 있다. 하나는 생산효율의 비약적 개선이다. 나머지 둘은 이러한 개선을 통해 생긴 이익의 일부를 노동자  에게 돌려 노동자의 작업시간을 단축하고, 임금을 인상시킨 것이다. 인상된 임금과 늘어난 여가가 있었기 때문에 대중은 유용성의 문화로부터 스타일의 문화로 건너갈 수 있었다. 사실 포드의 생산능률 향상은 대량생산을 가능하게 했고, 임금 인상과 작업시간 단축은 대량소비를 가능하게 함으로써 후기 산업사회의 문을 열었다.

물론 이렇다고 해도 대중이 시민과 같은 스타일의 문화를 당장 누릴 수는 없었다. 대중은 여전히 꿈의 세계를 통하여 스타일의 문화를 꿈꾸어야 했으며, 그러한 꿈이 부분적으로 성취되는 1920년대 미국은 놀라운 땅 원더랜드(wonderland)였다.

대중은 언제부터 스타일을 누렸는가? 1920년대 미국에서부터

포드의 공헌은 생산능률의 향상과
임금 인상 그리고 작업시간의 단축이다.

마디 29.   꿈의 세계의 대중적 쇼윈도는?

19세기 소시민들에게 꿈의 세계의 쇼윈도는 박람회와 백화점이
었다. 20세기 초 대중들에게 그러한 쇼윈도는 라디오였고 또 영화
였다. 대중들은 라디오의 드라마와 광고에서 자신들의 꿈의 세계
를 상상하였으며, 영화에서는 그러한 꿈의 세계를 직접 보았다.

대중들에게 꿈의 세계를 상상하게 만들었던 라디오의 대표적인 프로그램으로는
소프 오페라(soap opera)와 버라이어티 쇼(variety show)를 들 수 있다. 소프 오페
라, 즉 드라마는 여성들에게 자신들이 살고 싶지만 살지 못하는 삶을 상상하게 해주
었다. 버라이어티 쇼는 남녀노소 모두를 대상으로 하여 사람들이 꿈꿀 수 있는 삶들
을 상상하게 해주었다. 하지만 사실 꿈을 꾸게 해주는 역할을 더욱 적극적으로 수행
한 것은 이러한 프로그램과 같이 제공되었던 광고였다. 비누 광고는 여성들의 피부
를 현실 이상으로 아름답게 상상하게 하였으며, 주택 광고는 가정을 현실 이상으로
행복하게 상상하도록 만들었다.

라디오의 광고와 프로그램은 사람들에게 꿈의 세계를 들여다보고 그러한 꿈을 실

19세기 꿈의 세계는 박람회와 백화점을 통해 엿볼 수 있었다면
20세기 초 꿈의 세계는 라디오와 영화를 통해 엿볼 수 있었다.

현시키기 위하여 나아가게 만들었지만 직접 이를 보여줄 수는 없었다. 때로는 상상이 시각보다 나을 때도 있지만 보통은 백문불여일견(百聞不如一見), 즉 한 번 보는 것이 백 번 듣는 것보다 나았다. 그리하여 스타일 문화의 쇼윈도 기능을 떠맡고 나선 것은 바로 영화였다. 1920년대 극장은 꿈의 세계로서 19세기 박람회나 백화점과 다를 바 없었다. 고전적이거나 이국적으로 장식된 연극무대를 갖춘 영화관(cinema)이 아닌 극장(theater)에서 관객들은 쇼와 연극과 영화를 모두 즐길 수 있었다.

1927년 최초의 유성영화라고 알려진 『재즈 가수』와 더불어 이러한 극장의 시대는 가고 영화만을 보는 영화관의 시대가 도래하지만, 이제 시각자극과 청각자극을 함께 갖춘 영화는 영화만을 통해서도 대중의 꿈의 세계를 계속 이어갈 수 있었다. 하지만 영화가 꿈의 세계를 매개하는 총아가 되었던 것은 사실 영화가 새로운 우상을 탄생시켰기 때문이었다. 과거의 우상들은 정치적이고 교육적인 사람들이었다. 하지만 현대의 우상은 대중문화의 탤런트들이다. 은막의 스타라고 불리는 영화배우들은 사람들의 새로운 우상이 되었다.

이들은 19세기의 꿈의 세계의 역할을 물질이 아닌 인간으로서 수행한다. 갈 수 없는 유토피아처럼 자신도 스타가 될 수는 없다. 하지만 유토피아처럼 스타도 저 멀리서 자신이 그곳에 다가오도록 손짓하고 있다. 스타들은 "우리의 단조로운 뒤뜰, 아파트의 테라스, 공동주택으로부터 초월할 수 있도록 해주며, 세상살이의 위대함에 대한 감각을 되찾을 수 있도록 도와준다."

나중에 라디오와 영화가 결합하여 텔레비전이 되었을 때 스타는 이제 탤런트라는 이름으로 불리게 되었다.

꿈의 세계의 대중적 쇼윈도는? 라디오와 영화 그리고 텔레비전

영화는 화면으로 꿈의 세계를 보여주었을 뿐만 아니라
스타라는 실제 살아 있는 인간을 통해서도 그 꿈을 보여주었다.

마디 20. 유용성의 문화와 스타일의 문화

새로운 스타일 문화는 궁정에서 시작하여
18세기에는 시민에게, 20세기에는 대중에게 퍼져 나갔다.

MEMO

기술복제 이전에는 아우라가 문화의 원리였다.
기술복제 이후에는 시뮬라시옹이 그 자리를 차지하였다.

기술복제 이전과 이후의 문화

기술복제 이전의 예술문화는 아우라를 그 특징으로 하고 있었지만, 기술복제 이후의 예술문화는 시뮬라시옹을 그 특징으로 하고 있다.

영원한 존재와의 교감의 매체였던 예술문화는 기술복제, 나아가 전자복제와 더불어 정신을 산만하게 하는 오락으로 변환되었다.

하지만 파생실재는 단순한 오락에 그치지 않는다. 그것은 다름의 형이상학을 해체시키고 인간의 영혼을 장악하고, 현실 그 자체가 된다.

30으로 시작하는 마디들에서는 현대 대중문화의 이러한 특징들을 살펴보자.

시뮬라시옹은 문화에 불과한 것이 아니다.
그것은 인간의 영혼을 장악하였다.

마디 31.   복제란 무엇인가?

복제는 베끼는 것을 말한다. 고대 그리스의 철학자 플라톤은 예술은 바로 이러한 복제라고 지적하였다. 예를 들어, 알타미라 동굴의 벽화는 자연의 복제로서의 그림의 시작이었다고 할 수 있다. 이러한 예술에는 자연을 시각적으로 복제하는 미술만이 있는 것이 아니라 청각적으로 복제하는 음악도 있고, 몸짓으로 복제하는 연기도 있고, 글자로 복제하는 문학도 있다.

하지만 일상적으로는 자연을 복제하는 것은 예술이라고 부르고, 이러한 예술품을 복제하는 것을 비로소 복제라고 부른다. 그래서 우리는 알타미라 동굴의 벽화를 복제의 시작이 아니라 예술의 시작이라고 말한다.

달리 말하자면 원본과 복제품의 존재방식이 다를 때에는 비록 복제가 일어나지만 그것을 예술이라고 부르고, 원본과 복제품의 존재방식이 같을 때에만 우리는 그것을 복제라고 부른다.

이런 까닭으로 근대에 이르기까지 예술에서 진품과 복제품은 엄격하게 구분되었

이형적인 복제는 예술이며,
동형적인 복제가 복제이다.

다. 진품은 인간의 창의력이 적용된 예술적 창작품이지만 복제품은 그러한 진품을 흉내 낸 거짓된 모조품에 불과했다.

하지만 이러한 구분은 근대적인 복제기술의 발명과 더불어 흔들리기 시작하였다. 이러한 기술들이 생겨나고 있을 때 살았던 프랑스의 시인 발레리는 이러한 변화를 다음과 같이 지적하고 있다.

우리의 예술들과 예술들의 상이한 형식들과 용법들은 오늘날과
는 아주 다른 시대에 생겨났다. 그 당시 사람들이 사물에 부과했던
힘은 오늘날 우리의 힘과 비교하면 없는 것이나 마찬가지였다. 오
늘날 우리의 기술들의 놀라운 성장, 기술들이 달성한 적응력과 정
확성, 기술들이 만들어낸 이념들과 습관들은 고대의 미의 기술에 심각한 변화를 일으
킬 것이 분명하다. 모든 예술에는 과거처럼 간주되거나 다루어질 수 없는 물리적인 요
소들이 있다. 이는 우리의 근대적인 지식과 힘에 의해서 영향을 받고 있다.

과거에 화가는 자연을 보면서 그것을 자신의 손으로 베껴내었다. 근대에 사진사는 사진기를 통해서 자연을 기계적으로 베껴낸다. 화가가 그린 그림은 오직 원본 한 장이 있을 뿐이고 이것을 다시 베끼면 복제품이 되지만, 사진사가 촬영한 사진은 과거의 판화처럼 원본과 복제품이 따로 없고 따라서 그 수에도 한계가 없다.

발레리가 보았던 변화는 바로 이러한 것이었다. 이제 자연의 시각적 복제인 미술은 근본적인 변화를 겪을 수밖에 없다. 자연의 시각적 복제는 인간의 손이 아니라 사진기에 의해 이루어진다.

복제란 무엇인가? 예술적 창작품을 베끼는 것

근대의 복제기술은
원본과 복제품의 구분을 무효화한다.

마디 32.   아우라란 무엇인가?

    과거의 귀족들은 자신의 모습을 남기고 싶을 때 초상화가를 불러 자신의 초상화를 그리게 하였다. 초상화는 대상의 사실적 특징들을 보여주기도 하지만, 그러한 사실적 특징을 넘어서는 어떤 분위기를 보여주기도 한다.

    근대의 시민들은 자신의 모습을 남기고 싶을 때 사진사를 불러 자신의 사진을 찍도록 하였다. 사진은 대상의 사실적 특징들을 초상화보다 훨씬 자세하게 보여준다. 하지만 그것으로 끝이다. 사진에는 그러한 사실적 특징을 넘어서는 어떤 분위기를 찾기가 어렵다. 그렇다면 초상화를 사진으로 찍는다면 어떤 일이 벌어질까? 이제 분위기를 풍기는 초상화 사진이 탄생할까? 독일의 문화평론가 벤야민은 일이 그렇게 되지 않는다고 지적하고 있다.

    아무리 완벽한 복제라고 하더라도 거기에는 한 가지 요소가 빠져 있다. 그 요소는 시간과 공간에서 예술작품이 갖는 유일무이한 현존성, 다시 말해 예술작품이 위치하고 있는 장소에서 그 예술작

예술작품의 진품성을 구성하는 유일무이한 현존성이 아우라이다.

품이 지니는 일회적 현존성이다. … 원작의 시간적, 공간적 현존성은 원작의 진품성이
라는 개념의 내용을 이룬다. … 이처럼 진품성의 모든 영역은 기술적인 … 복제 가능
성을 배제한다.

벤야민은 이렇게 복제품에 빠져 있는 예술작품의 유일무이한 현존성을 분위기 즉
아우라(aura)라고 불렀다. 벤야민은 아우라 즉 분위기를 이렇게 설명하고 있다.

어느 여름날 오후 휴식의 상태에 있는 자에게 그림자를 던지고
있는 지평선의 산맥이나 나뭇가지를 보고 있노라면, … 우리는 산이
나 나뭇가지의 분위기가 숨을 쉬고 있다고 말할 수가 있을 것이다.

아우라는 그리스어로 본래 '숨결' 또는 '분위기'라는 의미를 갖고 있다. 어떤 사람
이 어떤 사물을 유심히 들여다보면 그 사물도 자신을 보고 있다는 막연한 느낌 내지
기대가 생겨난다. 아우라란 사물과 관찰자 사이에 생겨나는 숨결과 같은 이러한 교
묘한 분위기와 느낌을 뜻한다.

이를 예술작품에 적용하면 예술작품과 예술작품의 관찰자 사이에 일종의 분위기
내지 일종의 은밀한 교감이 작용한다는 것이다. 벤야민이 말하는 아우라는 예술작품
이 우리에게 주는 신비스러운 이러한 체험을 가리킨다.

그는 이러한 신비스러운 체험인 아우라를 기술복제 이전의 예술문화의 원리로 제
시하면서, 이에 반해 복제기술로 생산된 예술품에는 이런 아우라가 없다고 지적하였
다. 그래서 그는 기술복제 이후의 예술문화는 탈아우라(de-aurification)되었다고
말한다.

아우라란 무엇인가? 유일무이한 예술품과 관찰자의 교감

관찰자가 유일무이한 예술작품과 갖는 신비스러운 교감이
아우라이다.

마디 33.   기술복제품은 왜 인기가 있는가?

아우라를 가지지 못한 기술복제품이 어떻게 하여 기술시대에는 아우라를 가진 진품을 능가하게 되었던가?

일반적으로 진품은 위조라는 낙인이 찍힌 손으로 만든 복제품에 대해서는 그 권위를 백퍼센트 유지할 수 있으나 기술적 복제품에 대해서는 그렇게 완전한 권위를 유지하지 못한다. 그 이유는 두 가지이다. 첫째, 기술적 복제는 원작에 대해서 수공적 복제보다 더 큰 독자성을 가진다. … 둘째, 기술적 복제는 원작이 다다를 수 없는 상황 속에 원작의 모상을 가져다 놓을 수 있다.

첫째 이유는 기술적 복제는 원작을 능가한다는 것이다. 왜냐하면 기술은 확대하는 능력을 가졌기 때문이다. 맨눈이 보지 못하는 것을 카메라 렌즈는 잡아낼 수 있다. 클로즈업과 고속촬영은 우리가 일상적으로 볼 수 있는 것을 능가하여 볼 수 없는 것을 볼 수 있게 한다.

기술복제품은 원작을 능가하며
원작이 불가능한 시공에 모상을 가져다 놓을 수 있게 한다.

둘째 이유는 기술적 복제는 시간예술과 공간예술을 복제할 수 있다는 것이다. 녹음기술이나 영화기술은 예술의 시공간적 제약을 극복한다. 베토벤의 교향곡 연주나 셰익스피어의 공연이 모두 영화에 담겨 연주와 공연이 불가능한 곳에서 그것을 재현해 낸다.

이런 까닭에 기술적 복제품은 진품을 능가하게 되었다. 하지만 기술복제품의 유행은 예술품의 생산과정에만 그 이유가 있는 것이 아니다. 그러한 복제품을 소비하는 대중에게도 나름대로의 이유가 또한 있다.

우리는 오늘날에 있어서 아우라의 붕괴를 초래하는 사회적 조건이 무엇인가를 쉽게 이해할 수가 있다. 여기에는 두 가지의 사정이 있는데, 이 두 가지 사정은 모두 오늘날의 삶에서 날로 커가는 대중의 중요성과 관계를 맺고 있다. 즉 사물을 공간적으로 또 인간적으로 자신에게 더 가까이 끌어 오고자 하는 것은 현대의 대중이 바라 마지않는 열렬한 욕구이다. 또 이와 마찬가지로 현대의 대중은 복제를 통하여 모든 사물의 일회적 성격을 극복하려는 성향을 가지고 있다. 대중은 바로 자기 옆에 가까이 있는 대상들을 그림을 통하여, 아니 모사와 복제를 통하여 소유하고자 하는 간절한 욕망을 가지고 있는 것이다.

벤야민에 따르면 대중은 과거에 자신이 가까이할 수 없었던 물질을 가까이하고 소유하고자 하는 욕망을 가진다. 하지만 대중의 이러한 욕망이 충족되기 위해서는 그 물질이 유일성을 가져서는 아니 된다. 그 물질이 다수가 되어야만 대중의 그러한 물질적 욕망이 충족될 수 있기 때문이다. 이런 까닭으로 대중문화에서는 탈아우라된 기술적 복제품이 아우라를 가진 진품을 능가하게 된다.

기술복제품은 왜 인기가 있는가? 진품보다 우월하고 대중에게 적합하므로

대중은 예술품을 가까이하고 소유하기를 원한다.
다수의 기술복제품만이 이러한 희망을 충족시킨다.

마디 34.　기술복제 이전과 이후의 중심 가치는?

알타미라 동굴의 벽화를 그린 원시인류는 어떤 생각을 하였을까? 벤야민은 알타미라 동굴의 벽화가 종교적 의식에 그 근거를 두고 있다고 보았다.

'진짜' 예술작품의 유일무이한 가치는, 그것에 제일 먼저 본래적 사용가치가 주어졌던 종교적 의식에 그 근거를 두고 있다. 석기시대의 인간이 동굴의 벽에 그린 사슴은 일종의 마법적 도구였다. 그 사슴은 다른 사람들에게 보여주기 위해 그려지기도 했지만, 그러나 그것은 무엇보다도 신령들을 위해 바쳐졌던 것들이다.

제사라는 의식은 무엇인가? 그러한 의식을 통하여 우리는 조상들과 말을 나누고자 시도한다. 제물을 바침으로써 감사를 표하고 계속하여 후손에게 음복을 내려줄 것을 청한다. 벤야민은 제사상에 올리는 음식들처럼 알타미라 동굴의 벽화들이 제사를 올리는 자와 제사를 받는 자의 관계를 매개하는 사적인 통로였다고 해석하고 있다.

아우라를 가진 예술품은
절대자와의 만남을 주선하는 제례가치를 갖는다.

그러므로 그는 아우라를 가지는 기술복제 이전의 예술작품들은 이러한 형이상학적 만남 즉 신이나 진리나 존재와의 만남을 주선하는 제례가치(cult value)를 가진다고 지적하고 있다.

그렇다면 이제 아우라를 상실한 기술복제 이후의 예술작품들은 어떤 가치를 갖는가? 벤야민은 이제 예술작품은 제례가치가 아니라 전시가치(exhibition value)를 갖는다고 대비시키고 있다.

> 마치 원시시대에는 절대적 역점이 의식적 가치에 주어짐으로써 예술작품이 마법의 도구가 되었던 것처럼 … 오늘날에는 절대적 역점이 그 전시가치에 주어짐으로써 예술작품은 전혀 새로운 기능을 가진 형상체가 되었다.

들에 핀 꽃을 보고 즐거워하며 빈손으로 돌아오는 사람이 있는가 하면, 즐거움에 겨워서 그 꽃을 꺾어 자기 집으로 가져와 화병에 꽂는 사람이 있다. 대중은 자신이 과거에 누리지 못하던 문화산물을 한 번 누리는 것으로 만족하지 않고 계속 누리기를 원하며, 이를 위해서 그것을 소유하기를 원한다. 그리고 문화산업가는 이러한 대중의 욕구를 충족시킴으로써 대중들의 불만을 누그러뜨리고 이윤을 추구하고자 한다. 마릴린 몬로를 대중들에게 안겨줄 수는 없지만, 마릴린 몬로의 브로마이드를 대중들에게 안겨줄 수는 있다.

프랑스의 매체비평가인 드보르는 현대사회가 사회의 다수 구성원들이 모두 소유하거나 향유할 수 없는 재화나 서비스를 시각적인 스펙터클한 이미지의 형태로 제공해 주고 또 이에 중독시킴으로써 물질적 궁핍과 불만을 잠재운다고 주장하고 있다.

기술복제 이전과 이후의 중심 가치는? 제례가치와 전시가치

아우라를 가지지 않는 기술복제적 예술품은
그것을 소유하고 과시하게 해주는 전시가치를 갖는다.

마디 35. 기술복제 이전과 이후의 대표 장르는?

아우라를 가지는 기술복제 이전의 예술품과 아우라를 가지지 않는 기술복제 이후의 예술품의 대표 장르는 무엇일까? 벤야민은 이러한 대표 장르로 연극과 영화를 대비시키고 있다.

연극의 경우 배우와 관객은 연극의 유일무이한 현존성 때문에 직접 시선을 교환할 수밖에 없었다. 하지만 영화에서 배우와 관객은 이제 카메라를 사이에 두고 만나게 되었다. 이것이 상당한 변화를 몰고 왔다.

영화의 특징들은 다음과 같다.

▶ 영화에서 연기는 통일적인 전체일 필요가 없다.

▶ 연기자와 관중의 직접적인 접촉이 없다.

▶ 관중은 연기자와의 일치 없이 비평가의 입장에서 영화를 보게 된다.

▶ 연기자는 관중과 호흡하는 자신의 아우라를 상실한다.

▶ 영화와 스타는 상품이 된다.

연극과 영화는 아주 유사한 장르이지만
연극은 아우라를 갖는 반면 영화에는 아우라가 없다.

▶ 영화는 배우와 관중이 따로 없고 누구나 배우가 되고 관중이 된다.

▶ 영화는 기술의 확대기능을 발휘하여 이제까지 보지 못하던 세계를 보게 한다.

▶ 영화 관중은 관객으로서 감상하며 비평가로서 평가한다.

▶ 관중의 영화에 대한 반응은 집단에 의해 영향을 받는다.

▶ 영화에서는 관조적 침잠이 불가능하고 정신분산적 오락이 대두한다.

▶ 영화는 소수가 아닌 대중이 참여하는 예술이다.

이러한 지적들에서 볼 수 있는 것처럼, 영화는 대중이 참여하는 예술이고 대중이 배우가 될 수 있는 예술이지만, 다른 한편으론 영화는 스타와 영화 그 자체를 상품화하는 산업이다. 오늘날의 UCC(User Created Contents)는 이런 대중 참여를 극적으로 보여주고 있다.

영화의 관중은 향유자이면서 동시에 비평자이지만, 이러한 향유는 정신분산적 오락이고 비평은 대중에 의해서 먼저 규정된다. 또 영화는 영화의 생산자와 소비자, 연기와 촬영을 계속 나눔으로써 인간의 모든 활동을 다수가 참여하는 분업적인 상황으로 몰고 간다. 특히 영화는 기술의 확대성을 이용하여 일상적인 신체로는 표현할 수 없는 것을 표현할 뿐만 아니라 기술의 지향성을 이용하여 우리가 의식할 수 없었던 것조차 표현할 수 있게 한다.

이러한 특징들은 영화의 특징이기도 하지만, 또한 동시에 기술복제 이후의 예술품 일반의 특징이기도 하고, 나아가 대중문화 일반의 특징이기도 하다. 벤야민의 이러한 통찰이 1930년대에 나왔음을 고려하면 탁월하게 선구적이다.

기술복제 이전과 이후의 대표 장르는? 연극과 영화

영화의 특징들은
기술복제 이후의 예술품과 문화의 특징들이기도 하다.

마디 36. 시뮬라시옹이란 무엇인가?

기술복제 이후의 문화 산물은 탈아우라를 특징으로 하는데, 이러한 탈아우라를 좀 더 긍정적으로 표현하면서 기술복제 이후의 문화 원리로 정착시킨 이는 프랑스의 문화평론가 보드리야르이다.

벤야민은 "복제된 예술작품은 날이 갈수록 점점 더 복제를 겨냥해서 제작되는 예술작품의 복제품이 되어 가고 있다. 예를 들면 사진의 원판으로부터는 여러 개의 인화가 가능하다. 어느 것이 진짜 인화냐고 묻는 것은 아무런 의미가 없다"라고 했다.

 하지만 보드리야르는 한 걸음 더 나아간다. 위에 보이는 보드리야르의 사진은 자연인 보드리야르가 있고 카메라에 의해 보드리야르의 사진의 원판이 생산되고 이 원판으로부터 복제판이 나오게 된다.

기술복제시대에는 사진의 자연인 보드리야르는 실재하지만 그 복제품인 사진에는 진본이 없다. 원래 복제를 겨냥한 작품은 판화처럼 모두가 진품이기 때문이다.

기술복제시대에는 복제되는 원본이 있지만
전자복제시대에는 복제되는 원본 자체가 없다.

하지만 컴퓨터그래픽을 이용하는 소위 전자복제시대에는 기술복제시대의 보드리야르에 해당하는 자연인 그 자체가 없다. 사이버 가수 루시아는 자연인이 아니다. 루시아는 시뮬라시옹(simulation)이다.

> 오늘날의 추상은 더 이상 지도나 복제, 거울 또는 개념으로서의 추상이 아니다. 시뮬라시옹은 더 이상 영토 그리고 이미지나 기호가 지시하는 대상 또는 어떤 실체의 시뮬라시옹이 아니다. 오늘날의 시뮬라시옹은 원본도 사실성도 없는 실재, 즉 파생실재(hyperreality)를 모델들을 가지고 산출하는 작업이다.

시뮬라시옹은 전자복제시대에 비로소 시작된 것이 아니다. 기술복제시대에 이미 시작되었다. 복제를 겨냥해서 제작되는 예술작품은 복제기술의 발달과 더불어 점차 자연적 대상을 잃어 갔다. 시뮬라시옹의 대상은 더 이상 통일적으로 존재하지 않게 되었다. 영화는 다른 시간, 다른 순서로 촬영된 필름을 편집해 만든 구성물이고, 음반 또한 똑같이 다른 시간, 다른 순서로 녹음된 소리들을 편집해서 만든 구성물이다. 둘 다 지속적인 오리지널 연주나 연기에 대한 복제물 즉 실황녹음이나 다큐멘터리 필름이 아닌 것이다.

영화 『매트릭스』가 보여주는 초인간적인 동작들은 바로 그러한 원본 없는 시뮬라시옹이다. 여자 주인공 트리니티가 보여주는 현란한 발동작이나 남자 주인공 네오가 보여주는 총알을 피하는 동작은 시뮬라시옹의 예이다. 기술 이후의 문화 원리는 바로 이 시뮬라시옹이다.

시뮬라시옹이란 무엇인가? 원본도 사실성도 없는 실재 즉 파생실재

시뮬라시옹은
이처럼 원본도 사실성도 없는 실재 즉 파생실재이다.

마디 37.   시뮬라시옹의 형이상학은?

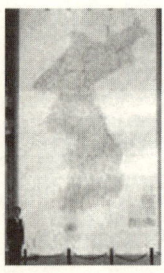

시뮬라시옹의 의미는 무엇인가? 보드리야르는 지도를 예를 들어 설명한다. 과거에 인간은 지형을 본떠 지도를 만들었다. 그러므로 지도에는 정확한 지도와 잘못된 지도가 있었다. 왜냐하면 옳고 그른 것의 기준이 되는 실제 지형이 있었기 때문이다. 잘못된 지도는 도움이 되는 것이 아니라 오히려 재앙이었다.

하지만 오늘날 더 쓸모 있는 지도는 잘못된 지도이다. 예를 들자면 간척사업을 수행하기 위하여 작성된 지도이다.  현재 존재하고 있는 지형이 아니라 지도에 의해서 만들어질 지형을 미리 보여주는 지도, 이러한 지도가 현대적 지도이다. 이처럼 잘못된 현대적 지도가 바로 시뮬라시옹이다.

"영토는 더 이상 지도를 선행하거나, 지도가 소멸된 이후까지 존속하지 않는다. 이제는 지도가 영토에 선행하고 ― 시뮬라크르들의 자전(自轉) ― 심지어 영토를 만들어낸다." 하지만 이렇게 시뮬라크르를 만들어내는 시뮬라시옹은 비단 지도에서 머물

■
■ 과거에는 지형이 있고 그것의 지도가 있었다.
■ 하지만 오늘날에는 먼저 지도가 있고 이에 따라 지형이 있게 된다.
■

지 않는다.

오늘날의 시뮬라크르 제작자들은 일종의 제국주의로서, 한 발 더 나아가 모든 실재를 그들이 시뮬라시옹에 의해 만든 모델들과 일치시키려 하기 때문이다. 그렇지만 이제 더 이상 지도나 영토의 문제가 아니다. 무엇인가가 사라져버렸다: 추상의 매력을 낳았던, 어떤 것에서 다른 것 사이에 게재되었던 지고의 '다름'이 사라져버렸다. 지도의 서정과 영토의 매력, 개념의 마술과 실재의 매력을 낳는 것은 다름이기 때문이다. … 이 시뮬라시옹의 작용은 핵분열적이고 발생론적이지, 전혀 사변적이거나 담론적이지 않다. 사라져버린 것은 모든 형이상학이다.

시뮬라시옹의 시대에 사라져버린 형이상학이란 무엇인가? 그것은 실재와 재현의 다름이라는 형이상학이다. 한때는 재현은 거울처럼 실재를 반영한다고 생각했다. 거울 자체는 그대로 반영되도록 되어 있는 것이지만 거울에 먼지가 묻거나 금이 가서 실재를 제대로 반영하지 못한다고 생각했다. 그러다가 거울 자체가 실재를 제대로 반영하지 못하도록 만들어졌다는 의심을 하기도 했다. 거울이 만들어질 때부터 휘어져 있었다는 것이다.

하지만 보드리야르에 따르면 오늘날 거울에 비치는 실재와 같은 것은 이미 없다. 거울은 상대방을 반영하는 것이 아니라 자기가 투영하는 것이다. 이렇게 투영된 이미지는 실재와 다름 여부가 없다. "왜냐하면 어떠한 상상 세계도 더 이상 실재를 포괄하지 않기 때문이다. 실재는 대가도 없는 파생공간 속에서 조합적인 모델로부터 발산되어 나온 합성물인 파생실재이다."

시뮬라시옹의 형이상학은? 투영이 있을 뿐 재현은 없다.

더 이상 재현은 없다.
오직 투영이 있을 뿐이다.

마디 38. 파생실재는 왜 실재보다 나은가?

어떻게 해서 기술복제 이후의 문화에서 이러한 파생실재가 실재와 무관하게 실재보다 오히려 더 실제적인 것으로 인정받게 되었는가?

사실 기술복제 이전의 문화에서도 이러한 파생실재가 실재보다 더 실제적인 경우가 있었다. 사슴의 뿔, 메기의 수염, 뱀의 몸뚱이, 생선의 비늘, 사자의 발톱을 가진 용(龍)이라는 존재는 사실 시뮬라시옹이면서도 실재처럼 받아들여졌다.

하지만 벤야민은 기술복제 이후의 파생실재가 실재보다 나은 이유를 이렇게 설명했다. 그것은 이러한 파생실재가 "사람의 마음을 사로잡는 시각적 환영이나 사람의 귀를 솔깃하게 하는 청각적 구조이기를 그치고 일종의 폭탄"이 되었기 때문이다.

이러한 폭탄은 시각과 청각에 충격으로 다가가서 이들을 마치 촉각과 같은 방식으로 움직이게 만든다. 한 대 얻어맞은 사람처럼 우리의 생각은 멈추어지고 얻어맞은 충격만이 우리의 의식을 지배한다.

영화가 펼쳐지는 영사막과 그림이 놓여 있는 캔버스를 한번 비교해 보자. 캔버스는

파생실재는 시청각적 자극에 그치지 않는다.
그것은 두들겨 맞는 것과 같은 촉각이다.

보는 사람을 관조의 세계로 초대한다. 그는 그 앞에서 자신
을 연상의 흐름에 내맡길 수가 있다. 그러나 영사막 앞에서
는 그렇게 할 수 없다. 영화의 장면은 눈에 들어오자마자 곧
다른 장면으로 바뀌어 버린다. 그것은 고정될 수가 없는 것
이다. … '이제 나는 더 이상 내가 생각하고자 하는 바를 생각할 수 없게 되었다. 움직
이는 영상들이 내 사고의 자리에 대신 들어앉게 된 것이다.'

   계속하여 움직이는 영상이라는 이러한 충격이 사고의 자리
를 차지해 버린 오늘날 이러한 충격에 해당하는 파생실재가
실재의 자리를 차지하게 된 것은 당연한 일이다. 파생실재는
촉각적으로 사람들을 사로잡아 버리며 사람들은 이러한 파생
실재의 위엄에 눌려 파생실재를 실재보다 더 실제적인 것으로 받아들인다.
아니 오히려 사람들이 파생실재를 받아들인다기보다는 파생실재가 사람들에게 들
어와 사람들을 장악한다.

옛날 중국의 전설에 어떤 화가가 자기가 완성한 그림을 보고 그 속으로 들어갔다는
식으로 예술작품 앞에서 정신집중하는 사람은 그 작품 속으로 들어간다. 이에 반해 정
신이 산만한 대중은 예술작품이 자신들 속으로 빠져 들어오게끔 한다.

앞에서 벤야민은 영화에서는 관조적 침잠이 불가능하고 정신분산적 오락이 대두
한다고 지적하였는데, 시뮬라시옹은 이처럼 대중에게 오락을 제공하지만 오락과 더
불어 정신에 침투하여 대중의 영혼이 된다.
파생실재는 왜 실재보다 나은가? 파생실재는 시청각적이라기보다 촉각적이기 때문에

사람들이 파생실재를 받아들이는 것이 아니라
파생실재가 사람들을 장악한다.

마디 39. 파생실재는 우리의 현실인가?

　기술복제시대가 아닌 전자복제시대의 대중문화는 대중의 정신을 장악하는 데에 그치지 않는다. 대중문화는 이제 대중의 삶 그 실재까지도 시뮬라시옹으로 만들어 버린다. 글자 그대로 대중문화가 대중들 속으로 침투한다.

　보드리야르는 1971년 방영된 TV물 『라우드가의 사람들과』를 예로 들고 있다. 이 프로그램은 대본도 없고 각본도 없이 있는 그대로의 가정사를 7개월 동안 촬영하여 300시간을 생방송했다. 실재에 대한 이러한 희롱은 시뮬라시옹의 마지막 승리이다.

　사실, 라우드가의 진실은 TV이다. 진실인 것은 TV이며, 진실을 만든 것은 TV이다. 더 이상 거울의 반사적인 진실도 … 아니라 조작적인 진실이다. … 『라우드가의 사람들과』라는 프로와 함께, '더 이상 당신이 TV를 보는 것이 아니라, 당신을(당신이 사는 것을) 보는 것은 거꾸로 TV이다.' … 생활 속에 TV의 용해와 TV 속에 생활의 용해, 즉 구별할 수 없는 화학적 용해가 일어난다. 우리는 모두 라우드가의 사람들인데….

우리가 TV를 보는 것이 아니다.
TV가 우리를 본다.

이처럼 시뮬라시옹을 통하여 우리를 지배하고 있는 대중문화의 세계는 도대체 어떤 세계인가? 보드리야르에 따르면 "디즈니랜드는 모든 종류의 얽히고설킨 시뮬라시옹들의 완벽한 모델이다." 디즈니랜드에서 오가는 모델들은 모두 영화 속에서 튀어나온 모델들이다. 실재로부터 자신의 정당성을 가지는 존재가 아니라 시뮬라시옹으로부터 자신의 정당성을 지니는 존재들이다. 광화문 네거리의 이순신 장군상과 롯데월드의 미키마우스는 각각 자신의 정당성을 전혀 다른 곳에서 구하고 있다. 이런 의미에서 디즈니랜드는 시뮬라시옹의 세계이다.

그러나 이것은 다른 것을 숨기고 있다. 그리고 이 '이념적인' 경이는 시뮬라시옹에 대한 은폐물로 사용된다. 디즈니랜드는 '실제의' 나라, '실제의' 미국 전체가 디즈니랜드라는 사실을 감추기 위하여 거기 있다. (마치 감옥이 사회 전체가 그 평범한 어디서고 감방이라는 사실을 감추기 위하여 거기 있는 것과 약간은 유사하게) 디즈니랜드는 다른 세상을 사실이라고 믿게 하기 위하여 상상적 세계로 제시된다. 그런데 사실은 그를 감싸고 있는 로스앤젤레스 전체와 미국도 더 이상 실재가 아니고 파생실재와 시뮬라시옹 질서에 속한다.

보드리야르에 따르면 현대적인 삶 그 전체가 곧 시뮬라시옹이며 실재는 어디에도 없다. 실재는 우리의 형이상학 위에서만 존재하였으며 그러한 형이상학이 붕괴된 지금 실재는 그 존재근거를 상실하였다. 오늘날 대중문화란 이러한 시뮬라시옹의 삶, 바로 그것이라고 보드리야르는 주장한다.

파생실재는 우리의 현실인가? 그렇다. 실재 같은 현실이 이미 파생실재이다.

우리의 현실은 이미 파생실재이다.
우리의 꿈, 우리의 사랑, 우리의 아름다움이 이미 시뮬라시옹이다.

〈영화 『트루먼 쇼』〉

영화 『트루먼 쇼』는 자신의 일상생활이 생방송되는 줄도 모른 채 30년을 살아온 주인공이, 언론과 수많은 시청자들의 공모로 인해 거짓으로 점철된 자신의 삶에서 진실을 되찾는 과정을 감동적으로 그린 휴먼 드라마이다.

각본은 영화 『가타카』의 작가이기도 한 앤드류 니콜(Andrew Niccol)이 맡았고, 감독은 휴머니스틱한 영화들로 유명한 피터 위어가 맡았다. 『트루먼 쇼』는 『라우드 가의 사람들과』에서 볼 수 있는 것처럼 '우리가 텔레비전을 보는 것이 아니라 텔레비전이 우리를 본다'는 명제를 표현하고 있다.

줄거리

트루먼 버뱅크(Truman Burbank: 짐 캐리 분)는 평범한 샐러리맨이다. 적어도 그가 아는 한은 그렇다. 그는 메릴(Meryl Burbank/Hannah Gill: 로라 린니 분)이란 여인과 결혼했고 보험회사에서 근무하며 어린 시절 아버지(Kirk Burbank: 브라이언 디레이트 분)가 익사하는 것을 보고 물에 대한 공포증이 있는 남자다. 그런데 어느 날 그는 익사한 것으로 알았던 아버지를 길에서 만나고 알 수 없는 사람에 의해 아버지가 끌려가는 것을 보면서 자신의 생활이 뭔가 평범하지 않다는 것을 확신하게 된다.

그는 하루 24시간 생방송되는 트루먼 쇼의 주인공이다. 전 세계의 시청자들이 그

영화 『트루먼 쇼』는
한 인간의 삶을 시뮬라시옹으로 만든다는 설정을 담고 있다.

의 탄생부터 서른이 가까운 지금까지 일거수 일투족을 TV를 통해 보고 있다. 그는 만인의 스타지만 정작 본인은 짐작도 못하고 있다. 그의 주변 인물은 모두 배우이고 사는 곳 또한 스튜디오이지만 그는 실비아 (Lauren Garland/Sylvia: 나타샤 맥엘혼 분)를 만날 때까지 전혀 알지 못한다. 대학 때 이상형의 여인 실비아와 만난 트루먼은 그 여인으로부터 모든 게 트루먼을 위해 만들어진 가짜란 얘기를 듣는데 그 여인이 피지섬으로 간다는 얘길 듣고 늦게나마 그 여인을 찾아 떠나기로 결심한다. 아내와 함께 떠나려는 시도를 하지만 번번이 실패하면서 가족, 친구조차 믿을 수 없다는 것을 깨닫게 되고 혼자서 고향을 빠져 나가려는 시도를 한다.

마침내 카메라의 눈을 피해 바다로 간 트루먼을 찾은 방송 제작자는 트루먼의 물에 대한 공포증을 이용해서 돌아오게 하려고 시도하지만 실패한다. 트루먼은 마침내 진정한 자유를 찾아 바깥세상으로 망설임 없이 나간다.

이 영화의 시나리오 작가인 앤드류 니콜은 영화 「가타카」에서도 현대문화의 비인간성을 폭로하였다.

마디 30.   기술복제 이전과 이후의 문화

시뮬라시옹은 문화에 불과한 것이 아니다.
그것은 인간의 영혼을 장악하였다.

MEMo

대중문화는 이데올로기와 신화로써
대중을 지배하고 있다.

대중문화는 이데올로기와 신화로써
대중을 지배하고 있다.

 # 신화적 문화와 탈신화적 문화

악마가 인간이 원하는 것을 지금 주고 나중에 그의 영혼을 빼앗아 가는 것처럼, 크레디트 카드도 소비자의 미래를 가져가면서 소비자가 원하는 것을 지금 얻게 한다. 대중문화도 대중들에게 안락한 삶을 제공하지만, 어떤 힘을 발휘하여 대중에게서 무엇인가 이득을 취하고 있다.

사상가들은 대중문화의 이러한 힘의 정체가 무엇인지, 그러한 힘을 발휘하여 얻는 이득이 무엇인지, 그리고 그것에서 어떻게 벗어날 것인지를 검토하였다.

40으로 시작되는 마디들에서는 이러한 사상가들의 고투를 주목해 보자.

신화와 이데올로기를 폭로할 때,
대중은 대중문화의 마술에서 해방될 수 있다.

마디 41.　신화란 무엇인가?

'신화(神話, myth)'라는 말의 어원은 그리스어 'mythos'인데, 미토스는 논리적 사고와 그 결과의 표현인 로고스(logos)의 상대어로서, 논리적 사고와 마찬가지로 사실에 관계하기는 하지만 그러한 논리적 사고를 뛰어넘어 숨어 있는 깊은 뜻을 포함하는 사유와 그 표현이다.

우리 민족의 건국신화인 단군신화를 보자. 단군신화는 어떤 사람이든 자신이 한민족이라고 할 때 그 정체를 구성하는 몇 가지 요소를 가지고 있다.

그 하나는 우리가 궁극적으로 믿고 의지해야 할 존재는 하느님(桓因)이라는 것이며, 다른 하나는 정치는 세속의 삶을 중심으로 이치를 따라서 하여(在世理化) 사람을 이롭게 하여야 한다(弘益人間)는 것이며, 또 다른 하나는 인간의 삶에서의 이상형은 범과 같은 성품이 아니라 곰(熊女)과 같은 성품이라는 것이다.

이러한 단군신화는 5천여 년의 삶 속에서 우리의 신앙과 정치와 일상을 규제해 왔다. 우리는 신화로부터 자유롭지 못하다. 우리의 신화란 우리가 살아야 할 길을 지시

신화는 논리적 사고를 초월하여 삶의 방식을 지시한다.
우리는 5천 년 동안 단군신화를 쫓아 살아왔다.

한다.

예를 들어 아기가 태어났을 때 삼칠일 동안 금줄을 치고, 백일이 되면 그날을 기념하여 떡을 해먹는다. 왜 그런가? 환웅이 범과 호랑이에게 인간이 되기 위하여 굴 속에 있어야 한다고 한 날이 100일이며, 실제로 웅녀가 사람이 된 것은 삼칠일 즉 21일만이었다.

신화가 얼마나 우리의 삶을 통제하고 있는가는 이러한 풍습이 5천 년 가까이 이어오고 있음을 보면 쉽게 확인할 수 있다. 신화는 이렇게 우리가 어떻게 행동해야 할 것인가를 지시하는 신념체계이다.

신화는 과거에만 존재하는 것이 아니다. 과거의 신화는 신화의 오래된 모델을 보여주고 있을 뿐이며 오늘날에도 신화는 계속 생산되고 변용되고 도태되고 있다.

과거에는 신화가 주로 정치적 지배계급의 대리자들에 의해 만들어졌다. 단군신화가 그렇고, 여러 나라의 건국신화들이 그렇고, 조선의 용비어천가가 그렇다. 지배자들은 자신이 하늘의 선택을 받았음을 선포함으로써 복종을 지시한다.

하지만 오늘날에는 신화가 주로 경제적 지배계급의 대리자들에 의해 만들어진다. 그것은 곧 대중문화가 만들어내는 신화이다. 망각되었던 한 인물이 책으로 텔레비전으로 재현되면 그 인물은 로고스적으로가 아니라 미토스적으로 되살아난다. 체 게바라가 그렇고 김두한이 그렇다.

하지만 오늘날 특별히 이러한 신화의 생산을 담당하고 있는 예술문화는 광고이다. 광고는 현대인들에게 새로운 신화들을 끊임없이 공급함으로써 현대인들에게 삶의 방식을 제공하고 또 삶의 방향을 지시하고 있다.

신화란 무엇인가? 삶의 방향을 지시하는 초논리적 신념체계

현대의 신화는 대중문화에 의해 만들어진다.
광고는 이러한 신화제작의 주된 원천이다.

마디 42.   현대신화의 정체는?

　　이러한 현대신화의 정체를 폭로한 이는 프랑스의 평론가인 롤랑 바르트이다. (그는 변증신학의 창시자로 알려진 신학자 칼 바르트와는 다른 인물이다.) 그는 현대신화의 정체를 네 가지 특징으로 요약하고 있다.

　　첫째로 앞에서 지적한 것처럼 신화는 대중문화 속에서 생산되고 소비된다는 것이다. "신화는 … 언론, 광고, 거대한 소비대상 등의 익명적인 진술 안에서 읽힌다. 신화는 사회적으로 결정된 것, 다시 말해서 사회에 의해 '반영된 것'이다."

　　둘째로 대중문화의 신화는 자연적이지 않은 것을 자연적인 것처럼 유도하는 기만적인 특성이 있다는 것이다. 즉 신화는 거짓된 여론형성을 목적으로 한다는 것이다. "신화는 … 사회적인 것, 문화적인 것, 이데올로기적인 것, 역사적인 것 등을 '자연적인 것'으로 뒤집어 놓는다. 단지 계급적인 구분의 산물이며, 이에 대한 도덕적이고 문화적이고 미학적인 파급효과들의 산물에 지나지 않는 것이 신화 안에서는 자명한 것으로 제시된다."

현대의 신화는 대중문화의 사소한 이야기 속에 담겨 있다.
순진무구한 외연 뒤에는 뻔뻔한 내포가 담겨 있다.

셋째로 현대의 신화는 기독교나 계몽주의나 사회주의와 같은 거대담론이 아니라 단절된 작은 이야기들이라는 것이다. "현대의 신화는 불연속적이다. 현대의 신화는 법정에서 벌어지는 거대한 이야기들이 아니라 '담론들' 안에서 진술된다."

넷째로 신화는 순진무구한 외연을 가지고서 뻔뻔스러운 내포를 구성하고 있는데, 이를 기호학적으로 분석해 보면 그러한 신화는 탈신화화된다는 것이다. "현대의 신화는 일종의 파롤 … 이다. 그리하여 신화는 기호학의 대상이 된다. 기호학은 전언 (message)을 두 개의 의미론적 체계로 분해하면서, 신화적으로 전도된 것을 바로 세운다."

그의 주장을 몇 마디로 요약한다면, 현대의 신화는 대중문화 속에서 간단한 이야기들로 제시되는데, 뻔뻔스러운 내포를 순진무구한 외연으로 제시하고 있지만, 왜 이것이 이렇게 보이는지를 기호학적으로 분석해 보면, 순진무구한 얼굴이 떨어져 나가면서 뻔뻔스런 정체가 드러난다는 것이다.

예를 들어 메르세데스 벤츠(Mercedes Benz) 자동차회사는 "당신이 원하시는 바에 따라 76가지의 색과 697가지 종류의 내장의 벤츠 중에서 당신의 벤츠를 선택할 수 있습니다"라고 광고하고 있다. 이는 대단한 이야기가 아니라 일상용품의 하나인 자동차에 관한 사소한 이야기이다. 여하튼 자동차회사는 '당신의 벤츠'를 선택할 수 있다는 순진무구한 얼굴을 보여주고 있다. 그렇다면 뻔뻔스러운 정체는 무엇인가?

그것은 어떤 벤츠를 사든지 사실은 똑같은 디자인의 벤츠라는 것이다. 색깔을 어떻게 바꾸든, 내장을 어떻게 바꾸든, 그 벤츠들은 하나의 모델의 복제품이지 '나만의 벤츠'이거나 '당신만의 벤츠'는 아니라는 것이다.

현대신화의 정체는? 사소한 담론 속에 제시된 억견의 진리화

이러한 뻔뻔한 내포는
기호학적 분석에 의해서 폭로된다.

마디 43.   기호학적 분석이란?

우리가 어떤 말을 하거나 행동을 할 때 어떤 의미가 전달된다. 이러한 의미전달의 작용은 말이나 그림이나 물건이나 제스처 등의 기표를 통해서 이루어진다.

기표 즉 시니피앙(signifiant)이란 이처럼 어떤 의미를 가리키기 위하여 사용되는 표식이며, 이러한 기표를 통하여 전달되는 의미를 기의 즉 시니피에(signifie)라고 한다.

바르트의 이야기는 이러한 의미작용이 이중적으로 일어난다는 것이다. 첫째 단계는 외연의 단계이다. 외연이란 일반적으로는 어떤 개념이 적용되는 사물들을 일컫는데, 여기서는 순진무구한 얼굴을 가리킨다.

예를 들어 한 남자가 자기의 비서인 여자에게 장미꽃을 선물했다고 하자. '장미'를 기표라고 본다면 그 기의는 '선물'이다. 그리고 '그가 그녀에게 장미를 선물로 주었다'는 것은 이러한 기표와 기의가 결합된 외연이다.

둘째 단계는 내포의 단계이다. 내포란 일반적으로 어떤 개념이 지니고 있는 속성

시니피앙 즉 기표는 의미를 가리키기 위한 표식이며
시니피에 즉 기의는 표식에 의해 가리켜진 의미이다.

을 일컫는데, 여기서는 뻔뻔스러운 정체를 가리킨다.

'그가 그녀에게 장미를 선물로 주었다'는 내포의 단계에서는 새로운 기표가 되는데 이것의 기의는 '그 남자가 그 여자를 사랑한다'는 것이다. 그리하여 이 행위는 그 여자에게 달콤한 사랑의 환상을 심어주게 된다. 이것이 그 행위가 빚어내는 신화이다. 이를 도식으로 나타내면 아래와 같다.

파롤 즉 신화 (내포)	III.기호 = 그녀는 행복했다.	
	I.기표 = 그가 그녀에게 장미를 선물로 주었다.	II.기의 = 그는 그녀를 사랑한다.
랑그 (외연)	3.기호 = 그가 그녀에게 장미를 선물로 주었다.	
	1.기표 = 장미	2.기의 = 선물

그가 그녀에게 장미가 아닌 지우개를 선물로 주었다고 하더라도 '한 남자가 한 여자에게 무엇을 주었다'라는 외연적 의미에서는 큰 차이는 없다. 하지만 내포적 의미에서는 '나에 대한 기억을 지우시오' 즉 '나는 당신과 헤어집니다'가 되고 만다.

바르트가 인용하고 있는 이러한 기호학적 분석방법을 제시한 사람은 스위스의 언어학자 소쉬르이다. 그는 인간의 언어활동을 본질적, 등질적, 사회적인 언어체계인 랑그(langue)와 이러한 언어체계에 따라 개별적으로 수행되는 언어행위인 파롤(parole)로 나누었다.

바르트는 외연적인 기표와 기의의 결합을 랑그로, 내포적인 기표와 기의의 결합을 파롤로 파악하였으며, 이러한 파롤이 바로 대중문화가 생산하는 신화라고 지적하였다.

기호학적 분석이란? 외연에 담긴 내포를 분석해 내는 일

랑그는 외연적인 기표와 기의의 결합이며,
파롤은 내포적인 기표와 기의의 결합이다.

마디 44.   앙코르 스타킹은 시선을 끌까?

이제 바르트의 지적대로, 현대신화의 주된 창조자인 한 광고에 대하여 이러한 기호학적 분석을 시도해 보자.

우선 이 광고사진은 전체적으로 블랙톤으로 되어 있으며, 원본에는 여성 모델이 입고 있는 속옷과 카피만이 빨간색으로 표현되어 있다. 스타킹을 착용하고 있는 여성의 얼굴은 그림자로 처리되어 있고, 위에서 아래로 조명을 희미하게 연출하고 있다.

빨간색 속옷이 스타킹과 더욱 대비가 되고 있으며, 따라서 여성의 성적 매력이 모델의 스타킹 때문에 시선을 끌 수 있음을 암시하고 있다. 여성 모델은 신발을 벗고 의자에 앉은 채 성적 호기심을 자극할 만한 자세를 취하고 있다.

카피는 "한 번 더 보고 싶은 그녀 — 앙코르"라고 크게 제시되어 있다. 또한 그 아래에 "처음엔 시선을 빼앗기고, 두 번째엔 마음을 빼앗겼다. 그녀의 아름다움에 앙코르"라고 작게 제시되어 있다.

앙코르 스타킹을 신은 여인에게
처음에는 눈길을 빼앗기고 나중에는 마음까지 빼앗기는가?

　　이 광고의 신화는 여성이 착용하고 있는 앙코르 스타킹이 타인의 시선을 끌고 또 끌고 즉 재삼재사 앙코르하여 끝내는 마음까지 끌게 해준다는 것이다. 이는 아래의 도식으로 정리할 수 있다.

　　신영의 앙코르 스타킹과 비비안의 네오패션 스타킹을 남자들이 구분할 수 있을까? 물론 없을 것이다. 하지만 이 광고가 만들어내는 신화적 이데올로기는 앙코르 스타킹을 신었을 때 남성의 시선을 다시 한번 끌 수 있다는 것이다.

　　물론 이러한 개연성은 별로 높지 않다. 하지만 광고의 수용자는 광고가 영상과 텍스트를 제공해 주는 방식에 따라 이것을 개연성 높게 받아들인다. 바르트의 용어를 빌린다면 그 개연성은 높은 정도가 아니라 '자명한' 것이다.

파롤 즉 신화 (내포)	III.기호 = 광고작품의 신화적 이데올로기	
	I.기표 = 광고작품	II.영상기의 = 은밀함 성적 매력 성적 상상력 II.언어기의 = 시선을 끌어주는 스타킹
랑그 (외연)	3.기호 = 광고작품	
	1.기표 = 영상 + 카피	2.영상기의 = 검은색 + 빨간색 앉은 자세 2.카피기의 = 여성의 매력

앙코르 스타킹은 시선을 끌까?

네오패션 스타킹만큼

남성의 시선을 끄는 것은 스타킹이 아니라 여인의 섹시함이다.
스타킹의 영향력은 인격과 비교하면 무시해도 좋을 정도이다.

〈신화를 창조하는 광고들〉

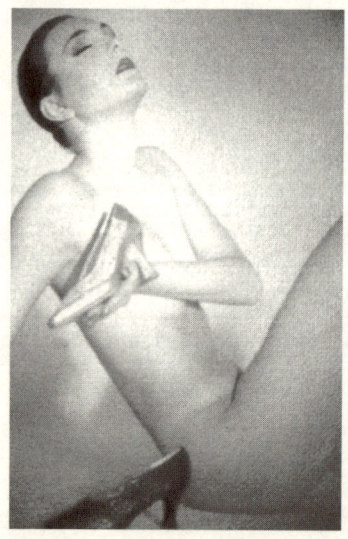

신화를 창조하는 광고는
오늘날 대중문화의 정수이다.

염색약 광고

애플 먹는 한국 아이리버 광고

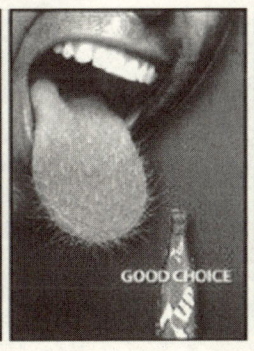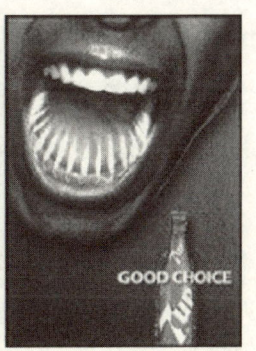

세븐업 음료수 광고

광고의 신화창조는 계속된다.

쭈욱~~~

마디 45. 이데올로기란 무엇인가?

바르트만이 대중문화에 대해 비판하고 있는 것은 아니다. 오히려 많은 사람들이 마르크스의 이데올로기 비판의 모범을 좇아 대중문화를 비판하여 왔다. 마르크스는 바르트가 신화라고 지적한 것을 허위의식적인 이데올로기라고 파악하였다.

이데올로기라는 말은 인간의 의식이 사회와 자연으로부터 형성된다는 의미를 담고 있으며, 또 그러한 방식으로 형성된 인간의 의식상태를 가리킨다. 우리가 사막에 태어났을 때와 밀림에 태어났을 때 조선시대에 태어났을 때와 대한민국에 태어났을 때 이데올로기가 다를 수 있다.

하지만 마르크스는 이렇게 우리가 갖게 되는 이데올로기가 늘 그 시대의 지배계급의 이데올로기라고 지적하였다.

어떤 시대에서나 지배계급의 사상이 지배적인 사상이다. 다시 말해서 사회의 지배적인 물질적 세력인 지배계급이 동시에 그 사회의 지배적인 정신적 세력이라는 말이다. 물질적인 생산의 수단을 통제하는 계급은 그 결과 정신적인 생산의 수단도 통제하

이데올로기는
자연과 사회에 의해서 만들어진 신념체계이다.

고 있으며, 그에 따라 정신적인 생산수단을 가지지 못한 계급의 사상은 대체로 그것에 종속된다. 지배적인 사상은 지배적인 물질적 관계들의 관념적 표현, 사상으로서 파악된 지배적인 물질적 관계일 뿐이다. 그러므로 그것은 한 계급을 지배계급으로 만드는 관계들의 표현, 곧 지배이념 이외의 아무것도 아니다.

그러므로 한 사회의 구성원이 갖는 이데올로기는 그 사회의 지배계급에 의해서 결정되는데, 이는 지배계급과 피지배계급의 이해가 상반될 경우 당연히 지배계급의 이익을 옹호하도록 구성된다. 하지만 이러한 당파적 성격은 언제나 명백히 드러나는 것은 아니다.

예를 들어, 교통질서를 지키도록 하기 위한 가장 효과적인 방법은 스스로 교통질서를 지키도록 교화하는 것이다. "음주운전은 당신의 가정을 파괴합니다"라는 슬로건은 가정이라는 자기이익을 지키려는 동기에 호소함으로써 스스로 음주운전을 하지 않도록 유도한다. 이데올로기는 바로 이러한 방식으로 작동한다.

오렌지를 보면 잠시 쉬어가세요

일반적으로 이데올로기는 그것에 복종하는 것이 다른 사람이 아닌 자신에게 이익이 된다는 점을 지적함으로써 피지배자로 하여금 지배자에게 복종하게 만든다.

마르크스는 이러한 지배계급의 이데올로기가 그럴 듯하게 들리지만, 사실은 허위의식 즉 거짓말이라고 비판하였다. 왜냐하면 그것은 궁극적으로 지배계급의 이익을 옹호하면서 겉으로는 모든 사람의 이익을 옹호하는 체하기 때문이다.

이데올로기란 무엇인가? 자연과 사회에 의해 형성된 신념체계

마르크스는 모든 이데올로기가
지배계급의 이익을 옹호하는 생각을 담고 있다고 비판하였다.

마디 46. 이데올로기는 전복될 수 있는가?

이러한 마르크스의 이데올로기 비판의 연장선상에서 이탈리아 공산당의 창건자인 그람시는 이데올로기에 동의하거나 비판하는 문제를 조명했다. 그는 이것을 헤게모니(hegemony) 즉 주도권 혹은 지도적 지위의 문제로 보았다.

그람시에 따르면 국가는 두 요소로 구성되어 있다. 한편으로는, 경찰, 군대, 법원과 같은 강제적인 기구들이 있는데 지배계급은 이러한 것들의 힘을 통해서 지배계급의 권위를 유지한다.

다른 한편으로는, 매체, 학교, 교회, 사교클럽, 정당, 직업조합 같은 다양한 시민 사회적 제도들이 있는데, 지배계급은 이러한 것들을 통해서 자신들의 이데올로기를 전파함으로써 사람들이 자발적으로 자신들의 지배를 수용하도록 한다.

지배계급은 이와 같이 힘에 의한 강제와 이데올로기에 의한 동의라는 대립적인 두 방식에 의거하여 지배를 수행하고 있는데, 여기에서 볼 수 있는 것처럼 이데올로기는 지배계급이 피지배계급의 동의를 얻어 헤게모니를 획득하는 수단이다.

하지만 힘과 달리 헤게모니는 상대방의 동의를 요하기 때문에 피지배계급도 이러

지배계급은 학교나 교회나 대중매체를 통하여
피지배계급의 동의를 얻어 헤게모니를 장악한다.

한 헤게모니를 장악할 수 있는 기회가 있다. 사회의 구성원리가 힘이 아니라 이데올로기인 한, 피지배계급도 지배계급의 동의를 얻어낼 가능성이 있기 때문이다.

인도가 간디의 지도 아래 영국으로부터 독립운동을 하고 있을 때 인도의 제염업은 법에 따라 영국 여왕의 독점적 소유 아래 있었다. 간디는 인도의 소금을 영국의 여왕이 독점할 권리가 없다고 지적하고 이에 저항하는 평화적인 시위를 조직하였다. 영국은 힘으로 이러한 항의를 봉쇄하였지만, 인도인들과 양심적인 영국인들은 영국의 인도 지배를 더욱 부정적으로 바라보게 되었으며, 궁극적으로는 인도의 독립으로 이어졌다.

그람시에 따르면, 지배계급의 이데올로기는 지배계급의 이익을 대변하지 않는 듯 초연한 척하는 '전통적인 지식인(traditional intellectuals)'에 의해 제시되고 있다. 하지만 피지배계급이 자기의 계급이익에 대해 자각을 가지게 되면 계급이익을 대변하는 '유기적인 지식인(organnic intellectuals)'에 의해 헤게모니 구성에 참여할 수도 있다.

그람시적인 관점에서 볼 때 대중매체가 주도하는 대중문화는 지배계급이 헤게모니를 확보하는 통로이다. 하지만 그는 이러한 통로가 일방향성만을 갖는 것은 아니며 쌍방향성을 갖는다고 지적하였다. 즉 지배계급의 헤게모니에 봉사할 수도 있지만, 피지배계급의 헤게모니에 봉사할 수도 있다는 것이다.

오늘날 소비자 운동이나 시청자 운동 등을 하는 시민단체 내지 NGO(Non-Governmental Organization)들은 유기적인 지식인들로 구성되어 문화산업가들의 이데올로기가 은폐하고 있는 사실들을 폭로함으로써 대중의 권익을 옹호하고 있다.

이데올로기는 전복될 수 있는가? 헤게모니를 빼앗게 되면

그람시에 따르면
피지배계급도 마찬가지의 방식으로 헤게모니를 장악할 수 있다.

마디 47. 대중문화 속에서 인간의 운명은?

헝가리의 문학역사가이자 예술철학자인 루카치는 대중문화가 인간을 '사물화(reification)'시킨다는 마르크스의 비판을 계승하였다.

그에 따르면, 인간의 사물화는 두 방향으로 전개되는데, 하나는 합리성의 팽창을 통해서이고, 다른 하나는 상품시장을 통해서이다.

합리성의 팽창은 질적인 것을 양적인 것으로 환원시키고, 이성에서 목적적인 것보다 수단적인 것을 높이 평가하게 되고, 인간을 인간이 아닌 자원으로 관리하는 관료제를 인간의 삶 깊숙이 침투시킨다.

상품경제는 인간의 삶을 지배하고, 인간의 노동에 값을 매기고, 인간에게 실업과 가난의 족쇄를 채운다. 그리하여 인간은 마르크스가 말한 대로 상품의 물신화(commodity fetishism)에 빠지고 만다.

루카치 당시는 아직 대중문화가 완전히 성숙하지 않은 상태였지만, 그가 읽어낸 것처럼 오늘날 인간은 대중문화 속에서는 더 이상 인간이 아니라 상품이다. 오늘날

루카치에 따르면
인간은 관료제와 상품경제를 통하여 사물화된다.

대중문화 속에서 연예인들이 다루어지는 방식을 '상품'보다 더 적합하게 서술할 단어는 없다.

하지만 일반인들도 따지고 보면 상품 외의 그 어떤 것이 아니다. 좋은 신랑감과 좋은 신부감을 재는 척도의 중요한 한 부분은 경제적 가치이다.

한 결혼정보회사의 특별회원이 되고자 하는 남성은 일정한 직업, 연봉, 외모를 갖추고 있어야 한다. 예를 들자면 전문직에 종사해야 하며, 1억 원 이상의 연봉, 호감도 평균 이상의 외모를 갖추어야 한다. 남성의 집안은 50억 원 이상의 재산가여야 하고 여성은 20억이 더 많은 70억 원 이상의 재산가여야 한다.

어떤 사람이 어떤 사람에게 사랑한다고 말할 때 그 말의 의미가 무엇일까? 고양이가 쥐를 좋아하듯이 그렇게 좋아한다는 의미일까? 아니면 어미가 새끼를 좋아하듯이 그렇게 좋아한다는 의미일까? 대중문화가 우리에게 제공하는 이데올로기는 인간을 포함하여 모든 것이 상품이라는 이데올로기이다.

이렇게 자본주의적인 삶의 방식을 비판한 루카치는 이러한 자본주의적인 삶의 방식의 특징이 고립된 단편들이라고 지적하면서 인간다운 삶의 방식은 통합된 전체 즉 '전체성'을 특징으로 한다고 주장하였다.

그에 따르면 대중문화 속에서 전체성을 확보하는 길은 상품인 객체가 자신에 대한 자의식을 가짐으로써 객체이자 동시에 주체가 되고 그렇게 함으로써 객체이기를 멈추는 것이다.

상품인 인간이 자신이 상품으로서 다루어지고 있다는 것을 앎으로써 상품으로 머물기를 거부하고 인간으로 되살아날 수 있어야 한다고 루카치는 주장하였다.

대중문화 속에서 인간의 운명은? 사물화와 상품화

인간이 자신의 상품성을 자각하고 거부할 때
인간은 인간으로 부활할 수 있다.

마디 48.   대중문화에 저항할 수 있는가?

20세기 초엽에 활동했던 루카치나 그람시와 달리 소위 프랑크푸르트학파의 여러 사람들은 대중사회의 대중문화가 20세기 중엽에 어떻게 새로운 영역을 개척하는지를 목도하게 되었다. 루카치나 그람시가 생각했던 피지배계급의 자각은 있을 수 없는 일이 되고 말았다. 대중문화의 이데올로기는 훨씬 강력해져서 거부할 수 없게 되었다. 아도르노와 호르크하이머는 대중문화의 강력함을 이렇게 감지하고 있다.

> 문화산업의 지위가 강화되면 될수록 그것은 소비자들의 욕구를 처리하고 그 욕구를 생산, 통제, 훈련시키는 결정적인 힘을 갖게 되며, 심지어 소비자들의 흥미까지도 포기시킬 수가 있다. 이 종류의 문화적 발전에는 한계가 없다.

IMF 이후에 우리 사회는 신자유주의로 도색되었다. 돈이 아닌 그 어떤 것도 가치가 될 수 없었다. 돈이 아닌 그 어떤 것을 주장하려고 하면, 엄청난 돈다발로 그의 목소리를 포위해 버렸다.

아도르노와 호르크하이머에 따르면
문화산업은 무한한 능력으로 소비자를 완전히 장악한다.

'돈이 되지 않는 것은 가라!' 이것이 우리 사회의 지배 이데올로기였다. 우리 사회도 비로소 천박한 자본주의에 도달했고 지금도 유지되고 있다. 그 결과는 가진 자의 지배의 영속화 그 밖의 그 어떤 것도 아니다.

이렇게 문화산업이 주도하는 대중문화는 억압적이고 착취적인 자본주의 사회의 틀 안에서 지배계급이 허용하는 정치, 경제적 목표로만 피지배계급의 지평을 제한함으로써 헤게모니를 다투기 전에 이미 헤게모니를 장악하고 있다.

그들이 장악한 헤게모니에 대해 이의를 제기하려고 하면, 대중문화의 끝없는 오락성이나 일방성으로 이들을 잠재워 버린다. 그러므로 대중문화는 자신의 이데올로기를 전파함으로써 인간을 마르쿠제가 지적한 것처럼 '일차원적 인간'으로 만들어 버린다.

대량수송과 커뮤니케이션의 수단, 의식주의 일용품들, 억제할 수 없이 쏟아져 나오는 오락 및 정보산업들은 … 소비자들을 다소간은 기분 좋게 생산자한테 묶어 매며, 나아가서는 생산자를 통해 전체에 묶어 놓는다. 생산자들은 교화시키고 조작한다. 즉, 그들은 허위에 면역된 거짓된 의식을 증진시킨다. 그리고 이 유익한 생산물들이 더 많은 사회계층의 더 많은 인간들에게 보급되면, 그들이 수행하는 교화는 선전이 되는 것을 그치고 하나의 생활양식으로 된다. 그것은 훌륭한, 전보다 훨씬 훌륭한 생활양식이며, 그것은 훌륭한 생활양식이라는 것임으로 해서 질적 변화를 방해한다.

일차원적 사유란 이처럼 이 세상에서 좋은 것은 지금 여기의 삶이며, 그 밖에 더 이상 좋은 것은 없다는 이데올로기이다. 일차원적 대중문화에 대해서는 저항이 거의 불가능하다.

대중문화에 저항할 수 있을까? 거의 불가능하다.

마르쿠제는 문화산업의 이데올로기를 생활양식화한 인간을
일차원적 인간이라고 칭했다.

마디 49. 우리를 왜 부르는가?

하지만 대중문화는 대중을 조작하는 데에서 끝나지 않는다. 대중문화는 대중을 조작할 뿐만 아니라 아예 구성하거나 심지어는 창조해 내기까지 한다. 대중문화의 이데올로기가 행하는 이러한 극단적 상황을 지적하고 나선 이는 프랑스의 비평가 알튀세르이다.

그의 주장은 대략 다음 네 명제로 요약할 수 있다.

첫째, 이데올로기는 반드시 기관 또는 제도에 새겨 있다. … 둘째, 이데올로기의 주요 사회적 기능은 구조화된 사회적 불평등을 재생산한다. … 셋째, 이데올로기는 생물학적 개인을 사회적 주체로 구성하는 기능을 한다. 넷째, 이데올로기는 그럼으로써 실제 존재 조건에 대한 개인의 상상적 관계를 재현한다.

첫째 명제는 그람시와 공통되고, 둘째 명제는 마르크스적 관점 일반과 공통되는데, 알튀세르에서 주목되는 점은 이데올로기가 '생물학적 개인을 사회적 주체로 구

알튀세르에 따르면
대중문화는 우리를 호명함으로써 우리를 주체로 구성한다.

성'하여 '실제 존재 조건에 대한 개인의 상상적 관계를 재현'한다는 분석이다.

알튀세르는 이러한 이데올로기 기능을 설명하기 위하여 호명(interpellation)이라는 개념을 도입한다. 호명이란 부름이다. 대중문화는 우리를 호명한다. 이러한 호명의 이데올로기적인 효과는 무엇인가?

> 이데올로기의 기본 기능은 개인들을 주체로 변형시키는 것이고, '호명'을 통해서 개인들과 사회구성체 간의 실재적 관계들을 상상적 관계로 전도시킨다. 이 상상적 관계 안에서 사람들은 마치 자신들이 그것들을 결정하는 듯이, 구성되는 주체가 아니라 구성하는 주체인 듯이, 자신들의 실제적 존재조건들과 관계를 체험한다. 달리 말하자면, 이데올로기는 사회질서와 그 질서의 요구에 대해 사람들의 복속을 강제하기 위하여 개인들을 사회의 의식적인 주체('자유로운 주체성, 즉 창의성의 중심')로서 구성한다.

이데올로기는 호명을 통하여 우리가 주체라는 생각을 갖도록 만든다. 그것도 대중문화가 우리에게 기대하고 있는 그러한 행위를 하기로 자발적으로 결심한 주체인 것같이 자신을 느끼도록 만든다.

자신이 그것을 하는 것은 자신의 사회적, 시대적 역할의 일부이며, 자신이 그것을 하지 않는 것은 자신의 사회적, 시대적 역할을 저버리는 것으로 느끼도록 만든다. 이러한 호명의 소비적인 예들을 우리는 광고에서 찾아볼 수 있다.

현대인들이 자신의 영혼을 발견한다는 자동차 광고에서 보면 "대한민국 1%"라는 카피는 소비자를 대한민국의 상위 1%로 구성해 낸다.

우리를 왜 부르는가? 객체이면서도 주체처럼 느끼게 만들기 위하여

우리는 이데올로기에 의해 구성되는 객체이지만,
호명이라는 방법은 우리가 자신을 주체처럼 느끼게 만든다.

마디 40. 신화적 문화와 탈신화적 문화

신화와 이데올로기를 폭로할 때,
대중은 대중문화의 마술에서 해방될 수 있다.

MEMo

모던한 대중문화는 1980년대를 전후하여
포스트모던한 대중문화로 변모한다.

마디 50. 모던 문화와 포스트모던 문화

1980년대를 전후하여 대중문화가 모던을 넘어 포스트모던에 이르게 되었다. 물론 포스트모던도 여전히 모던의 연장선상에 있다고 해석하는 이들도 있다.

연장이든 단절이든 간에 포스트모던은 그 나름의 특징을 가지는데 그것은 시뮬라시옹의 시뮬라크르로 매트릭스적인 현실을 구성하고 있다는 것이다.

아울러 포스트모더니즘은 대서사를 해체한다고 표방하고 있지만 유일한 대체서사인 상업주의를 내포하고 있으면서 모더니즘과는 다른 외연을 보이고 있다.

50으로 시작하는 마디들에서는 이런 포스트모던한 대중문화를 살펴보자.

대서사의 해체인 포스트모더니즘은
상업주의를 배경으로 끊임없는 반발과 해체를 보이고 있다.

마디 51.   무엇이 포스트모더니즘인가?

모더니즘(modernism)과 포스트모더니즘(postmodernism)을 구분하는 여러 방식이 있을 수 있지만, 마디 30에서 검토했던 보드리야르의 입장에서 이들을 구분해 볼 수 있다.

그는 전자복제 이후의 문화원리를 원본 없이 복제된 시뮬라시옹으로 파악하였지만, 그 이전의 문화들은 자연의 복제, 생산의 복제라고 파악하였다. 그는 복제라는 말 대신에 시뮬라크르라는 말을 사용하고 있다.

그가 말하는 소위 시뮬라크르의 세 질서는 다음과 같다.

이미지, 모방, 위조 위에 세워지고, 조화로우며 낙관주의자적이고, 신의 이미지에 따라 자연의 이상적인 회복과 그 이상적인 제도를 목표로 하는 자연적이고, 자연주의자들의 시뮬라크르들.

에너지와 힘 위에, 기계에 의한 물질화 위에, 그리고 모든 생산 시스템 속에 세워진 생산적이고, 생산주의자들의 시뮬라크르들 —

보드리야르에 따르면
인류 역사는 자연주의, 생산주의, 시뮬라시옹으로 전개되었다.

끝없는 에너지의 해방과 세계화 그리고 지속적인 팽창의 프로메테우스적인 목표.

정보, 모델, 정보통신학적 게임 위에 세워진 시뮬라시옹의 시뮬라크르들 ― 완전한 조작성, 파생실재성, 완전한 통제 목표.

보드리야르에 따르면 모더니즘은 둘째 질서의 시뮬라크르이며, 포스트모더니즘은 셋째 질서의 시뮬라크르이다. 디즈니랜드가 포스트모더니즘의 완벽한 예라면, 모더니즘의 완벽한 예는 포드 자동차 회사이다.

그런데 어떻게 모더니즘은 포스트모더니즘을 향해서 나아갔던가? 포드가 꿈꾸었던 대로 이제 자동차 공장에서는 값싸고 신속하게 대량으로 자동차를 생산할 수 있게 되었고 자동차를 만드는 사람은 자동차를 타고 주말을 즐길 시간적, 경제적 여유를 가지게 되었다. 대량생산 대량소비의 메커니즘이 작동하기 시작하였다.

제1차 세계대전이 미국에 대중사회를 가져다주었다면 제2차 세계대전은 이러한 대중사회를 한 단계 더 성숙시켰으며, 또한 동시에 전 세계에 유포되게 하였다.

영화의 라디오화인 텔레비전이 1950년대에 본격 등장하여 1960년대와 1970년대로 나아가면서 대중문화는 새로운 국면을 맞이하게 되는데, 바로 이때가 시기적으로 모더니즘이 포스트모더니즘으로 넘어가는 시기이다.

제2차 세계대전의 종전으로부터 이어지는 이 시기에 텔레비전을 중심으로 하는 대중매체는 예전에는 결코 누릴 수 없었던 권력을 장악하게 되는데, 그것은 바로 보드리야르가 지적하고 있듯이 새로운 현실을 구성하는 힘이었다.

무엇이 포스트모더니즘인가? 보드리야르에 따르면 시뮬라시옹의 시뮬라크르

모더니즘이 생산주의자의 시뮬라크르라면,
포스트모더니즘은 시뮬라시옹의 시뮬라크르이다.

마디 52.   포스트모던한 대중문화의 정체는?

　산업사회는 모순적인 두 원리의 결합에 따라 움직이고 있다. 대중은 한 사람이지만 효율적인 생산과 효율적인 소비 모두를 수행해야 한다. 후기 산업사회에서는 생산과 소비가 쌍곡선을 그리면서 흘러가고 있다.

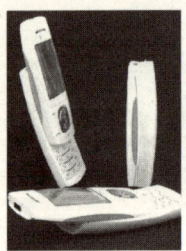
　더 효율적인 생산을 위한 레크리에이션이 강조되면서도 또한 동시에 더 효율적인 소비를 위한 디자인과 디스플레이와 광고가 새로운 관심사로 등장하였다. 대중매체는 이러한 모순적인 두 관심을 얽어매면서 본래의 욕망을 충족시킨 후 조작된 욕망 위에서 전개되는 후기 산업사회의 새로운 권력으로 부상하였다.

　본래의 욕망이 주류를 이루었던 초기 산업사회에서는 정치와 경제가 핵심적 권력이었다. 하지만 최소한의 정치적 자유와 경제적 필요가 보장된 후기 산업사회에서 정치와 경제는 그 위력이 둔화되었다.

　물론 지금도 전쟁이나 자연재난이 닥치면 권력은 다시 정치와 경제로 되돌려진다. 하지만 그러한 특수한 상황이 발생되지 않는 한, 정치와 경제까지도 문화라는 매체

포스트모던한 대중문화는
생산을 위한 레크리에이션이자 소비를 위한 디스플레이이다.

를 통해서만 이야기된다.

　최근에 우리가 이미 경험하고 있듯이 정치적 행위의 핵심이라고 할 수 있는 선거도 이제는 문화적 매체에 그 승패가 달려 있다.

　"권력은 총구에서 나온다." 모택동의 이 말은 이제 더 이상 우리나라에서 유효하지 않다. 이 말은 "권력은 TV에서 나온다"로 바뀌어야 한다. 오늘날의 정치선거는 전적으로 언론 특히 텔레비전에 의해 승패가 결정되기 때문에 모든 후보들의 선거운동은 텔레비전을 중심으로, 그리고 유권자보다는 텔레비전을 겨냥하여 선거전략을 세울 수밖에 없다. 이런 점에서 오늘날의 선거는 분명 'TV 선거'이다. 그런데도 우리는 계속해서 텔레비전을 바보상자라고 말하고 있다. 분명히 말하건대 텔레비전은 이미 바보상자가 아니라 마법상자가 되어 버렸다.

　2002년 대통령 선거에서 볼 수 있었듯이 지금으로서는 "권력은 총구에서 나온다"라는 모택동의 말은 "권력은 TV와 인터넷에서 나온다"로 바뀌어야 할 것이다.

　유권자보다는 텔레비전과 인터넷을 겨냥하여 수립되는 선거전략은 보드리야르의 셋째 질서의 시뮬라크르이다. 텔레비전과 인터넷은 바보상자와 홍등가가 아니라 요술상자와 하이드파크 스피커스 코너(speakers' corner)가 되었다.

　오늘날 더 이상 정치경제는 대중문화와 손잡지 않고서는 존립할 수 없다. 왜냐하면 대중문화는 이미 이들을 초월하는 권력이 되었기 때문이다.

　　　포스트모던한 대중문화의 정체는?
　　　정치권력까지도 창조하는 최고의 권력

모더니즘에서는 정치와 경제가 권력을 행사했지만,
포스트모더니즘에서는 대중문화가 그 권력을 행사한다.

〈영화 『매트릭스』〉

영화 『매트릭스』는 유명 제작자 조엘 실버(Joel Silver)가 제작하고, 데뷔작 『바운드』로 주목을 받은 워쇼스키 형제(The Wachowski Brothers)가 연출한 대형 SF 액션물이다. 거대한 제작비와 특수효과를 투입하여, 컴퓨터가 지배하는 가상세계와 이에 대항하는 인간과의 대결을 그린 대작으로 전 세계적인 '매트릭스 돌풍'을 일으켰다.

줄거리

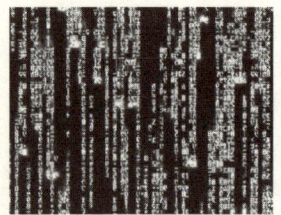

2199년 지구는 인공지능 컴퓨터(AI: Artificial Intelligence)가 지배하고 있다. AI는 인간을 가축처럼 인공자궁(인큐베이터)에서 재배해 에너지원으로 활용하며, AI에 의해 뇌세포에 '매트릭스'라는 프로그램을 입력당한 인간은 매트릭스 프로그램에 따라 평생 1999년의 가상현실을 살아간다. 프로그램 안에 있는 동안 인간의 뇌는 AI의 철저한 통제를 받는다. 인간이 보고 느끼는 것들은 항상 그들의 검색 엔진에 노출되어 있고, 인간의 기억 또한 그들에 의해 입력되고 삭제된다. 그러므로 이러한 가상현실 속에서 진정한 현실을 인식할 수 있는 인간은 없다.

한편, AI의 인큐베이터에서 탈출해 인류의 구원자를 찾아 나선 사람들이 있는데, 바로 모피어스(Morpheus: 로렌스 피쉬번 분)를 리더로 한 일단의 해커들. 그들은 광케이블을 통해 매트릭스에 침투하고 매트릭스 프로그램을 응용해 자신들의 뇌세포

영화 『매트릭스』는
대중문화의 영향력을 미래사회의 인공지능 지배에 비유하고 있다.

에 각종 데이터를 입력한다. 그들의 당면 목표는 인류를 구원할 영웅을 찾아내는 것이다. 그들은 AI 통제 요원들의 삼엄한 검색망을 뚫고 매트릭스 안에 들어가 드디어 오랜 동안 찾아 헤매던 '그'를 발견한다. '그'는 유능한 컴퓨터 프로그래머, 토머스 앤더슨(Thomas Anderson: 키아누 리브스 분)이다. 낮에는 평범한 회사원으로 살아가지만, 밤마다 네오(Neo)라는 이름으로 컴퓨터 해킹에 나서는 그는 모피어스와 그의 동료인 매혹적인 여인 트리니티(Trinity: 캐리-앤 모스 분)에게서 조심스레 매트릭스에 대한 단서를 얻는다.

알 수 없는 두려움 속에서 매트릭스의 실체를 추적해 나가는 네오는 마침내 또 다른 숨겨진 세계, 매트릭스 밖의 우주를 만나 가상현실의 꿈에서 깨어난다. 그리고 AI에게 양육되고 있는 인간의 비참한 현실을 확인하고 매트릭스를 탈출한 네오는 모피어스의 도움으로 컴퓨터 프로그램 훈련을 통해 사이버 전사로 거듭난다. 한편, 모피어스의 동료 중 사이퍼(Cypher: 조 팬토리아노 분)는 끊임없는 기계들의 위협과 공격으로 인한 두려움을 견디지 못하고, 다시 매트릭스 안의 가상현실로 들어가기 위해 동료들을 배신한다. 네오와 모피어스 일행이 매트릭스 안에 잠입한 사이, 사이퍼가 광케이블을 교란시켜 그들이 매트릭스에서 빠져나올 출구를 봉쇄해 버리자, 네오 일행은 엄청난 괴력을 지닌 해커 제거반과 사투를 벌인다.

하지만 영화 『매트릭스』 또한 대중문화의 산물이다.
그러므로 이는 대중문화의 자신에 대한 조롱이자 판매이다.

마디 53.   우리는 매트릭스 속에 살고 있는가?

1999년 미국의 영화감독 워쇼스키 형제는 『매트릭스』라는 영화를 발표하였다. 이 영화의 설정은 우리가 현실세계 속에 살고 있다고 생각하지만, 사실 우리는 인공지능이 만든 배양관 속에 살고 있다는 것이다.

영화에 따르면 우리의 생각은 인공지능이 우리 머릿속에 심어 놓은 매트릭스라는 프로그램이 만든 환상에 불과하다. 우리는 정말 이런 매트릭스적인 상황에 살고 있는 것일까? 대답은 '그렇다'이다.

산업사회에서 인간의 삶이 8시간의 노동, 8시간의 사생활, 8시간의 수면으로 구성된다고 보면, 수면의 8시간은 꼭 필요하지만 의식이 없는 시간이고, 노동하는 8시간은 생산의 시간으로서 임금을 받고 판 시간이며, 사생활의 8시간이 유일한 자유시간이다.

하지만 산업사회는 이 8시간의 자유도 허락하지 않는다. 개인은 생산력을 회복하기 위한 레크리에이션을 하도록 강제당하며, 또 광고를 보고 대량생산된 물품들을 소비하도록 강제당하는데, 이렇게 지배계층의 이데올로기

우리는 인공지능이 아니라 대중매체에 의하여
영화 『매트릭스』의 가상현실 같은 삶을 살고 있다.

를 전파하고 강제하는 역할을 담당하고 있는 것이 대중매체이다.

새로운 거대권력으로서의 대중매체는 현대인의 삶을 거의 완전히 장악하고 있다. 수면과 노동의 16시간을 제외한 8시간의 사생활 중에서 50% 전후의 시간을 우리는 대중매체에 할당하고 있다. 오늘날 우리가 공중파 텔레비전 시청에 투자하는 시간은 평균 3시간 29분이다.

여가시간은 물론이고 출퇴근시간이나 작업시간에서조차도 피할 수 없는 광고의 홍수를 고려한다면 대중은 자신의 삶의 대부분을 대중매체와 함께하고 있다. 하지만 이 '함께한다'는 표현은 잘못된 것이다. 왜냐하면 대중매체는 대중과 함께하는 것이 아니라 알튀세르가 지적한 것처럼 호명하고 있기 때문이다.

새로운 거대권력으로서의 대중매체는 하루 24시간 쉼 없이 대중의 눈과 귀를 장악하고 호명을 통하여 세계를 구성하고 우리를 구성한다. 이의 완전성은 마치 영화 『매트릭스』가 그리는 가상현실적인 매트릭스와 같다.

그리고 마르쿠제가 지적한 것처럼 일차원적인 인간인 우리는 그러한 가상현실에서 빠져 나오기를 거부하고 있다. 영화 『매트릭스』에서 저항군을 배신하는 사이퍼는 요원 스미스에게 자신에게 다시 매트릭스를 깔아달라고 요청하고 있는데, 이는 대중매체가 제공하는 가상현실에 안주하려는 현대인의 모습을 반영하고 있다.

그러므로 대중매체의 세례 속에 살고 있는 우리에게 이제 현실은 대중매체가 제공해 주는 현실 그것밖에 없다. 영화 『매트릭스』에서 인공지능은 인간에게 환상을 심어주기 위하여 복잡한 장치를 동원하였다. 하지만 실제로 대중문화는 그렇게 복잡한 장치 없이도 인간에게 적절한 환상을 심어준다.

우리는 매트릭스 속에 살고 있는가?

『매트릭스』보다 더한 매트릭스 속에 살고 있다.

『매트릭스』의 네오는 매트릭스를 탈출할 수 있었지만, 우리가 대중매체의 매트릭스에서 벗어날 수 있는 길은 없다.

마디 54.   모던과 포스트모던의 차이는?

포스트모던한 대중문화는 모던한 시민문화와 어떻게 다르기에 이렇게 막강한 권력으로 등장하게 되었는가? 포스트모던 문화의 특징을 본격적으로 지적하여 포스트모던 시대의 시작을 알린 사람은 프랑스의 사상가 리오타르이다.

그는 포스트모더니즘의 요체를 "대서사의 해체"라고 지적하였다. 대서사(grand discourse)란 현학적인 표현을 피해 단순하게 말한다면 큰 이야기이다. 큰 이야기가 있다면 작은 이야기도 있다는 의미가 될 것인데, 큰 이야기와 작은 이야기의 차이점은 무엇인가? 그것은 큰 이야기는 작은 이야기의 근거가 된다는 것이다.

단군신화는 우리 민족의 정치적 삶에 대한 큰 이야기를 담고 있다. 우리 민족이 정치에 대하여 이야기하고자 하면 즉 작은 이야기를 할 때면 우리는 늘 단군신화를 그 정당화 근거로 인용하게 된다.

리오타르에 따르면 모더니즘의 특징은 바로 이러한 대서사 즉 큰 이야기에 있다. 모더니즘을 구성하는 요소는 도구적 과학기술과 목적적 철학이다. 자연에 관한 이야

- 대서사란 소서사의 정당화 근거이다.
- 리오타르는 대서사의 해체를 포스트모던의 특징으로 보았다.

기인 과학기술은 피시스의 특징상 오직 하나의 이야기로 전개될 수 있었지만, 문화에 관한 이야기인 철학은 노모스의 특징상 여러 이야기로 전개될 수밖에 없었다.

하지만 그 이야기가 어떤 이야기가 되었든지 철학은 과학기술의 목적을 구성하고 과학기술을 정당화하는 데에 근거를 제공하였다.

과학이 유용한 합규칙성을 발언하는 것에 국한되지 않고 (그러한 합규칙성으로서 무엇을 할 것이냐를 묻는 목적적 의도를 가지는) 진리를 탐구하는 한, 과학은 자신의 게임 규칙을 스스로 정당화해야 한다. 그래서 과학은 자기 고유한 위치를 넘어 철학이라고 불리는 정당화 담론으로 나아간다. 이 메타 담론들이 정신의 변증법, 의미의 해석학, 사유 혹은 노동하는 주체의 해방, 부의 발전과 같은 거대 이야기에 도움을 호소할 때, 사람들은 스스로를 정당화하기 위해 이것과 연관된 학문을 '모던적'이라 부른다.

18세기에 문명을 주장했던 계몽적인 사람들은 기술을 통한 인간의 해방과 자유를 하나의 큰 이야기로 제시하였다. 이 이야기는 대중사회와 대중문화가 대두하기까지 축적된 실적과 더불어 거부할 수 없는 진리로 격상되었다.

하지만 이러한 큰 이야기는 20세기에 들어 위기를 맞게 되는데, 그것은 두 차례의 세계대전과 이를 전후한 비인간적인 사건들이 이러한 큰 이야기의 실제적 결과가 어떤 것인지를 보여주었을 뿐만 아니라 철학적 반성이 반성 그 자체를 반성하기 시작하였기 때문이다.

모던과 포스트모던의 차이는?
정당화하는 대서사의 수용과 거부

대서사는 과학이 목적을 추구할 때 생겨난다.
이러한 목적들의 정당화 담론이 철학이다.

마디 55.   철학은 끝났는가?

과학은 약속한 것을 이루었다. 철학은 과연 약속한 것을 이루었는가? 이에 대하여 사람들은 부정적으로 생각하기 시작하였다.

극단적으로 말해서 '포스트모던적'이라는 것은 메타 이야기에 대한 불신이다. 이 불신은 분명히 과학적 진보의 결과이다. … 메타 이야기적 정당화 장치의 효력 상실은 형이상학적 철학의 위기 및 이것에 의존된 보편적 제도의 위기와 명백하게 상응한다.

큰 이야기 내지 메타 이야기에 대한 불신과 거부, 이것이 포스트모더니즘이다. 하지만 포스트모더니즘도 모더니즘에 이어서 계속하여 자유를 지향한다. 다만 이제 자유는 큰 이야기에 대한 회의와 더불어서만 확보된다.

과거에는 마르크스주의, 자유주의, 기독교 신앙이 자유의 수호자들이었다. 하지만 이들은 자유의 수호자이자 또한 동시에 자유의 억압자들이었다. 이들은 정당한 것과 정당하지 않은 것을 구분하는 자신들의 무소불위의 잣대를 내세워 다른 이야기들을

포스트모더니즘은 대서사의 해체이고
메타 이야기에 대한 불신이며 형이상학적 철학의 위기이다.

억누름으로써 인간의 자유를 억압해 왔음이 이미 밝혀졌다. 그
러므로 포스트모더니즘은 동질성이 아니라 이질성으로 자유를
확보하고자 한다. 포스트모던 "그것은 전문가들의 일치에서가
아니라 창안가들의 불일치 속에 근거를 두고 있다."

It says, "I am not a nose"

　하지만 이러한 포스트모던적 자유의 추구가 자유를 가져왔
던가? 자유주의자들의 입장에서 보면 자유가 아닌 방종을, 마르크스주의자들의 입
장에서 보면 퇴폐적인 물질주의를, 기독교 신앙의 입장에서 보면 물신숭배를 가져왔
을 뿐이다. 이는 메타 서사에 의존했던 과학기술적 서사의 필연적인 결과이다. 의존
할 메타 서사가 붕괴된 포스트모던 시대에 과학기술적 서사가 의존할 곳은 과학기술
적 서사 그 자체밖에 없다.

　하지만 과학기술적 서사는 혼자 있는 것이 아니다. 근대철학의 창시자 데카르트
또한 과학기술이 있기 위해서 돈이 있어야 한다고 지적했다. 18세기 산업혁명은 과
학기술이 있는 곳에 돈이 있다는 사실을 보여주었다. 그러므로 과학기술적 서사에서
진리와 효율성과 부 사이에는 하나의 등식이 성립한다.

　　『방법서설』의 끝부분에서 데카르트는 이미 실험실을 위한
　자금을 요구하고 있다. … 따라서 돈 없이는 증명, 진술의 검증,
　진리도 없는 것이다. 18세기 말 제1차 산업혁명 당시 일어난 것
　은 그 반대의 발견이었다. … 기술장치는 투자를 요구한다. 그
　러나 기술장치는 그 적용 대상인 수행을 극대화하기 때문에, 잉여가치를 극대화할 수
　있다. … 바로 이때에 과학은 생산력으로, 다시 말해서 자본 유통 내의 한 계기가 된다.

철학은 끝났는가? 아니, 배금주의 철학만이 남았다.

다른 철학들이 모두 사라진 포스트모더니즘에는
과학기술과 상호적인 원인 결과가 되는 배금주의만이 남는다.

마디 56. 포스트모던의 새로운 대서사는?

이런 까닭에 대서사의 해체로 자유를 얻으려는 포스트모던적인 시도는 수행성과 이에 따르는 상업적 이익이라는 새로운 대서사에 의한 구속을 자초하게 된다.

국가 그리고/또는 기업은 이 새로운 쟁취 목표를 정당화하기 위해 관념적 또는 인본주의적인 정당화 이야기를 내던져 버린다. 오늘날의 투자자들의 담론에서 믿을 만한 유일한 쟁취 목표는 권력이다. 학자, 기술자, 기계 등을 사는 것은 진리를 알기 위해서가 아니라 권력을 확장하기 위해서이다.

이러한 새로운 대서사가 과거의 대서사들과 가장 확연하게 대조되는 곳은 대학이다. 대학은 그 사회의 미래를 지향하는 곳으로서 그 사회가 그리고 있는 이상적인 삶의 모습이 가장 잘 확인된다.

과거에 대학을 다녔던 사람들에게 대학은 상아탑으로 기억되어 있지만, 오늘날 대

결국 포스트모던의 새로운 대서사는
상업적 이익 즉 배금주의이다.

학은 그러한 상아탑이라는 정체성을 해체시킨 지 오래다. 오늘날 대학은 포스트모던적 대서사의 전위이다. 대학은 이제 과거의 대서사였던 '자유'나 '해방'의 전위가 아니다. 대학은 '효율'과 '이익'의 전위이다. 오늘날의 대학은 목적이나 신념을 전하는 곳이 아니라 수단이나 지식을 전하는 곳이다. 오늘날의 대학은 자유인으로서의 교양을 갖추는 곳이 아니라 직업인으로서의 지식을 갖추는 곳이다.

교수는 인간적 모범이 아니라 지식의 저장고에 불과하며, 또 이러한 지식들은 두뇌에만 저장되는 것이 아니라 저장장치(data storage)에 저장된다. 그러므로 이러한 대학에서 우수한 학생이란 태도가 훌륭한 학생이 아니라 지식을 잘 수집하고 조직하여 활용하는 학생이다. 높은 철학적 교양이 아니라 외국어와 컴퓨터에 능통하는 것이 좋은 학생의 조건이다. 이러한 대학이 대학이냐고 묻는다면 그는 대학이 불변적인 정체성을 갖는 존재라는 형이상학을 가진 사람이다.

명시적이건 함축적이건 간에 직업적 학생, 국가 및 고등교육기관이 제기하는 물음은 더 이상 "이것이 맞습니까?"가 아니라 "이것은 어디에 쓸모가 있습니까?"이다. 지식의 상업화란 맥락에서 이 두 번째 질문은 대체로 "이것은 팔 수 있습니까?"를 의미한다.

'몸을 판다'는 표현은 과거에는 자신을 인간이 아닌 물건으로 내놓음으로써 인간이기를 포기하는 행위, 인격적 자살행위를 가리키는 데에 사용하였다. 그러나 포스트모던 시대에 '몸을 판다'는 것은 더없이 자연스러운 일이며 누구든지 하는 일이다. 문제는 몸을 파는 것이 아니라 얼마나 높은 값에 자신을 팔 수 있느냐 하는 것이다.

포스트모던의 새로운 대서사는? 배금주의 곧 상업주의

대학은 더 이상 자유나 해방의 전위가 아니다.
대학은 이제 효율과 이익의 전위이다.

마디 57. 포스트모던 대중문화의 특징은?

미국의 문화비평가인 제임슨은 전통적 서사의 붕괴와 그로 인한 상업주의의 대두를 특징으로 하는 포스트모더니즘 아래서의 대중문화의 특징을 셋으로 요약하였다.

첫째, 그는 포스트모더니즘을 모더니즘에 대한 다양한 반발로 이해하지만, 이러한 반발 또한 새로운 반발의 대상이 되는 '끊임없는 반발'이 포스트모더니즘의 특징이라고 본다.

> 과거의 파괴적이고 전투적인 스타일들 … 도 우리의 조부모들에게는 상스럽고 쇼킹한 것으로 여겨졌으나, 1960년대의 세대들에게는 이 역시 기존질서이자 적으로, 다시 말해서 무엇인가 새로운 것을 하기 위해서 반드시 파괴하지 않으면 안 되는, 생명력이 없고 숨 막히며 진부하고 물화된 기념비들로 간주되었다.

다른 특징은 '경계나 분리의 해체'이다. 제임슨은 특히 고급문화와 대중문화 사이에 존재하던 과거의 구분이 사라졌다는 점을 지적한다.

제임슨에 따르면
포스트모던 대중문화의 특징은 반발, 해체, 패스티시이다.

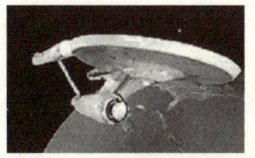

많은 새로운 포스트모더니즘 추종자들이 광고와 모델들, 라스베이거스의 스트립쇼, 심야쇼와 B급 할리우드 영화, 그리고 공항 대합실에서 파는 괴기소설과 로맨스, 통속적인 전기, 살인추리소설과 공상과학소설 또는 환상소설 등의 이른바 주변문학들로 구성된 바로 그러한 풍경에 매혹당해 왔다.

하지만 제임슨이 꼽는 포스트모던 대중문화의 가장 큰 특징은 패스티시(pastiche)이다. 그는 패스티시가 패러디(parody)와는 질적으로 다른 것임을 지적하고 있다. 그에 따르면 패러디와 패스티시는 모방이라는 점에서는 같지만, 그 성격에서는 완전히 다른 것이다. 그에 따르면 정당화 규범이 존재할 때에는 그 규범에 따라 어떤 작품의 개인적인 스타일상의 매너리즘이나 과도함이나 기벽성을 사람들이 평소 말하거나 쓰는 방식과 비교하여 조롱하는 패러디가 가능하였다.

하지만 이러한 정당화 규범이 해체된 포스트모던 아래서는 이렇게 조롱할 기준이 없게 된다. 이러한 상황 아래서 어떤 작품을 모방한다는 것은 모방에 머물 뿐 결코 조롱이 되지 못한다.

만약 표준언어, 일상적 회화, 언어적 규범 …의 존재를 믿는 사람이 아무도 없다면 어떻게 될까? … 그렇게 되면 이 경우에는 개인적 언어들과 특이한 스타일들을 조롱할 수 있는 기준인 모든 언어적 규범의 가능성 그 자체가 사라지게 되며 단지 스타일상의 다양함과 이질성만 남게 될 것이다. 이러한 상황이 되면 패러디가 불가능해지고 패스티시가 등장하게 된다.

포스트모던 대중문화의 특징은? 반발, 해체, 패스티시

패러디가 가능하기 위해서는 정당화 규범이 있어야 한다.
이것이 없는 상황에서 모방은 패러디가 아니라 패스티시이다.

마디 58. 포스트모던 대중문화의 최고의 경향은?

포스트모던 대중문화는 반발과 해체 그리고 패스티시를 특징으로 하고 있기 때문에 그 모습은 끝을 알 수 없는 다양성으로 나타난다. 하지만 그러한 다양성 중에서도 어떤 경향성을 구분해 볼 수도 있는데, 앞에서 인용했던 보드리야르는 바로 이러한 작업을 수행하였다.

그가 포스트모던 대중문화, 특히 대중매체의 일차적인 경향으로 지적하고 있는 것은 "현실세계의 부인에 근거하는 기호의 예찬"이다. 그는 이러한 자신의 통찰을 주유소에서 판매하는 숯을 예로 들어 설명하고 있다.

엣소(Esso) 회사가 겨울에 주유소에서 자사제품의 숯과 바비큐 세트를 팔고 있는 것은 그 전형적인 예이다. — 숯과 그 일체의 상징적 가치를 '역사로부터 제거한' 석유왕이 오늘날에는 엣소 제의 네오 숯으로써 숯을 다시 제공하고 있다.

포스트모던 대중문화의 으뜸 경향은
현실세계의 부인에 근거하는 기호의 예찬이다.

이 예에서 부인되고 있는 현실은 '석유'이다. 그러면 예찬되고 있는 기호는 무엇인가? 그것은 '숯'이다. 엣소 사는 석유를 파는 기업이지만 그 석유로 인해서 이제는 은퇴한 숯을 다시 불러 석유와 함께 팔고 있다.

한때 숯이 오늘날의 석유처럼 연료로서 영광을 누린 적이 있었다. 하지만 그것은 과거의 영광이다. 왜냐하면 숯이 누리던 그 영광을 오늘날에는 석유가 누리고 있기 때문이다. 하지만 이제 사라진 숯은 영광의 자리를 대신 차지한 석유에 의해 되불러내어진다.

석유의 시대에 숯은 과거의 아련한 향수를 자아내며 부활한다. 하지만 숯이 가치가 있는 것은 오늘날이 석유시대이기 때문이다. 그러므로 그러한 부활은 단지 석유를 찬양할 뿐이다. 보드리야르는 대중문화의 대중매체는 바로 이와 같다고 지적한다.

> 매스커뮤니케이션은 3면 기사적인 거짓 비장감을 돋우고 재앙의 모든 기호(죽음, 살인, 강간, 혁명)로 평온무사한 일상생활의 진기함을 강조하는데, 바로 이처럼 기호를 비장한 정도로 지나치게 사용한 표현은 도처에서 볼 수 있다.

대중매체에서 부인되는 현실세계는 무엇인가? 그것은 일상생활이다. 그렇다면 예찬되는 기호는 무엇인가? 그것은 비일상적 재앙들이다. 하지만 이러한 재앙들은 현실의 평안함을 강조해 줄 뿐이다. 가정의 해체라는 현실이 있을 때 대중매체는 가정이라는 반현실적 기호를 크게 예찬한다. 하지만 부활된 숯이 석유를 찬양하듯이, 부활된 가정의 가치는 해체된 가정의 자위에 불과하다.

포스트모던 대중문화의 최고의 경향은? 현실세계의 부인에 근거하는 기호의 예찬

포스트모던 대중문화는 가정해체의 시대에 가정을 예찬한다.
하지만 이러한 예찬은 자위에 불과하다.

마디 59.   포스트모던의 그 밖의 경향들은?

하지만 보드리야르에 따르면 이러한 사이비 복고만이 대중문화의 경향은 아니다. 다른 하나의 경향은 르시클라주(recyclage) 즉 재활용이다. 재활용은 비교적 긍정적인 뉘앙스를 가진 말이다. 하지만 그것이 인간의 재활용이라면 어떠할까? 그래도 문제가 없을까? 문제가 없는 것이 아니라 오늘날에는 대단히 장려되는 일이다.

직업상의 지식, 사회적 자격, 개인의 경력에 관한 현대사회의 특징적인 개념 중의 하나는 재교육(recyclage)이다. 이 개념은 어느 누구도 좌천된다든지 밀려난다든지 쫓겨나지 않으려면 자신의 지식과 학식, 즉 노동시장에서의 자신의 '실전용 지식'을 '시대 흐름에 맞도록 재충전해야 할' 필요성을 뜻한다. … '사회로부터 탈락하지 않기' 위해서는 누구도 이 진보에 당연히 적응하지 않으면 안 된다.

복고와 재활용과 더불어 보드리야르가 현대 대중문화의 셋째 경향으로 꼽고 있는

사이비 복고 외에 포스트모던의 그 밖의 경향은
재활용과 퀴즈게임과 첨단유행이다.

것은 티를리포(tirlipot)이다. 티를리포는 간단히 말하면 스무고개와 같은 퀴즈게임
이다. 스무고개는 정해진 시간 내에 스무 개의 질문을 통하여 상대방이 염두에 두고
있는 것을 알아맞히는 놀이이다. 이러한 놀이에서 중요한 것은 깊이 사고하는 것이
아니라 즉각 반응하는 것이다.

　　해답을 고르는 데 걸리는 시간이 중요한데, 출제와 동시
　에 대답한 자가 최고점으로 '챔피언'이다. 따라서 이 시간은
　사고하는 시간이 아니라 반응하는 시간이다. 게임의 조립에
　의해서 활발하게 되는 것은 지능의 움직임이 아니라 반사적 반응의 메커니즘이다. …
　답을 일일이 음미한다거나 천천히 생각해서는 안 되고 … 특히 금물인 것은 분석적 사
　고이며, 이런 종류의 사고에 시간을 빼앗기면 총득점은 매우 적어지게 된다.

　　보드리야르가 지적하고 있는 현대 대중문화의 여러 경향들 중에서 마지막 것은 유
행의 첨단이다. 대중매체는 대중들에게 어떤 것이 유행에 맞는 것인지를 끊임없이
묻고 있다. 어떤 답을 선택하느냐에 따라 대중문화는 답하는 사람이 유행에 뒤진 사
람인지 앞서 가는 사람인지, 고상한 사람인지 저속한 사람인지를 정해 준다. 그러므
로 재활용에서 도태당하기 싫은 사람은 대중문화가 어떤 것을 오늘의 최고가로 보는
지에 민감해야 한다.
　　이러한 오늘의 최고가가 복고적으로 작동하게 되면 박물관과 미술관에 대중이 넘
치게 되고, 재활용적으로 작동하게 되면 아름다움과 독창성의 미학을 조롱하는 키치
(kitsch)가 생산되며, 퀴즈게임적으로 작동하게 되면 기능적 무용성을 특징으로 하
는 가제트(gadget)로 드러난다.
　　포스트모던의 그 밖의 경향들은? 재활용, 퀴즈게임, 첨단유행

**포스트모던 사회에서 사람들은 최고가를 누리기 위하여
소수의 사람들만이 하는 일을 하며, 키치와 가제트를 구입한다.**

마디 50.   모던 문화와 포스트모던 문화

대서사의 해체인 포스트모더니즘은
상업주의를 배경으로 끊임없는 반발과 해체를 보이고 있다.

MEMO

문화에는
오락성과 더불어 교양성이 있다.

문화에는
오락성과 더불어 교양성이 있다.

 대중문화와 민중문화

대중문화는 다양한 비판을 받고 있다. 문화의 오락성을 허용한 몽테뉴와 문화의 교양성을 강조한 파스칼의 대립 이후 대중문화는 계속적인 비판에 직면하였다.

미국의 사회학자 갠스는 이러한 비판들이 타당하지 못하다고 주장하지만 비판들은 그렇게 간단히 저지되지 않는다.

대중문화를 고급문화와 대비시킬 때나 범속문화와 저속문화로 나눌 때나 또 민중문화와 대비시킬 때 이러한 비판이 작열한다.

60으로 시작하는 마디들에서는 이렇게 대중문화에 쏟아지는 비판들을 검토해 보자.

대중문화에는
도피성과 더불어 정향성이 있다.

마디 61.　문화에서 오락은 필연인가?

　인간은 대단히 모순적인 존재이다. 한없이 이기적이면서도 또한 이타적일 수 있고, 모여 살며 큰 힘을 이루면서도 경쟁의 지옥에 빠지며, 물질적 풍요를 누리면서도 자신의 영혼을 잃기도 한다. 이러한 자기모순성은 인류의 전 역사를 관통하고 있다.

　대중문화와 관련하여 이러한 자기모순성은 대중문화가 인간을 즐겁게 하지만, 또한 저속하게 한다는 점에서 나타난다. 사실 이러한 논쟁은 16세기에 이미 시작되었다. 이 논쟁의 선구자는 프랑스의 사상가 몽테뉴와 파스칼이다.

　몽테뉴는 인간에 대한 회의적인 관점을 가지고 있었지만, 인간의 본능적 욕구는 변화시킬 수 없는 것이며 따라서 그러한 본능적 욕구가 최대한도로 발현될 수 있도록 하는 것이 상책이라고 생각하였다. 따라서 몽테뉴는 그러한 본능적 욕구를 만족시켜 줄 수 있는 쾌락을 전적으로 부정해서는 아니 된다고 보았다.

　이러한 몽테뉴의 주장에 대하여 극히 금욕적이고 종교적인 인물인 파스칼은 오락과 현실도피는 인간이 갖고 있는 불가피한 욕구이기는 하지만, 내면화된 도덕적 자

　문화의 오락성에 대한 논쟁의 시초는
　몽테뉴와 파스칼의 논쟁이다.

아는 오직 금욕의 고독 속에서만 더 고양될 수 있다고 보았다.

　이러한 대립은 예술가들이 몇 사람의 귀족들이 아니라 대중을 자신의 예술의 소비자로 삼게 된 18세기 이후에는 본격적으로 문제가 되었다. 이제 예술가들은 더 이상 이전처럼 한 사람의 부자나 권력 있는 후원자의 취향에 신경을 쓰지 않아도 살 수 있게 되었다. 대신에 자신의 작품을 소비하는 훨씬 많은 숫자의 대중의 욕구에 대응하지 않을 수 없게 되었다.

　작가는 대중과의 새로운 관계를 형성해야만 했다. "즐거운 도덕적 담론을 통해 대중을 교육시키려고 했던 … 낙관주의적" 작가가 있었는가 하면, "대중매체에 대해 노골적으로 적대감을 드러내던" 그러한 작가들도 있었고, "반대로 일반 독자의 요구를 기꺼이 받아들이려는" 그러한 작가들도 있었고, "예술과 대중문화 사이에서 화해를 꾀하는" 그러한 작가들도 있었다.

　이러한 다양한 경향이 혼재되어 전개되면서, 대중문화에 대해서도 다각적인 평가가 유지되었다.

　대중문화에 대한 일반적인 비판은 대중문화가 대중에게 아부함으로써 대중에게 즐거움을 주고 이런 과정을 통하여 대중의 판별력을 무디게 만든다는 것이다. 이런 관점을 견지하는 사람들은 대중문화가 진정한 문화가 되기 위해서는 인간의 판단력을 세련시키는 그러한 문화내용을 제공해야 한다고 지적한다.

　이러한 비판을 재비판하는 이들은 대중문화의 존재 자체가 대중을 야만으로부터 문명으로 이끄는 순기능을 포함하고 있다고 주장한다. 어떤 책이 아무리 대중에게 아부한다고 해도 책을 본다는 것 자체가 보지 않는 것보다 문화적이라는 것이다.

문화에서 오락은 필연인가? 인간의 속성상 필연이다.

대중문화의 작가들은 수용자들과
교화, 적대, 수용, 화해의 태도를 취할 수 있다.

마디 62. 대중문화에는 창조가 없는가?

　미국의 사회학자 갠스는 사람들이 대중문화에 대하여 손쉬운 비판들을 하고 있지만, 이러한 비판들이 모두 타당한 것은 아니라고 지적하고 있다. 이렇게 대중문화를 옹호하기 위하여 갠스는 대중문화에 가해지는 비판들을 재비판하고 있다.

　갠스가 지적하고 있는 대중문화에 대한 첫째 비판은 대중문화에는 창조가 없고 생산만이 있다는 것이다. 그에 따르면 이러한 비판은 다시 세 주장을 포함하고 있다.

　첫째, 대중문화는 이윤을 목적으로 조직된 산업이다.

　둘째, 이러한 산업이 이윤을 얻기 위해서는 다수의 수용자에게 호소하는 균질적이고 표준화된 상품을 만들어내야 한다.

　셋째, 이러한 이유로 대중문화 산업의 창조자들은 대량생산 체제하에서 일하는 노동자가 되어 그 자신의 숙련된 기술이나 가치의 개인적인 표현은 포기하게 된다.

■
■　대중문화에는 창조가 없고 생산이 있을 뿐이라고 비판한다.
■　하지만 경우에 따라 이것의 역도 성립한다.
■

갠스는 이러한 비판들이 별로 큰 설득력을 갖고 있지 않다고 주장한다. 고급문화도 대중문화와 마찬가지로 이윤추구를 목적으로 하는 에이전트 없이는 존재할 수 없으며, 대중문화도 고급문화에 뒤지지 않는 다양성을 보이고 있고, 또 대중문화의 창조자들도 자신의 취향이나 가치를 수용자에게 부여하려고 한다는 것이다.

하지만 갠스의 고급문화는 상업적 고급문화인 것으로 보이고 갠스의 대중문화는 계몽적 대중문화인 것으로 보인다. 갠스는 고급문화와 대중문화를 어떤 외적 기준에서 구분하고 이것만이 유일한 기준인 것처럼 논의를 전개하지만, 이와 아울러 어떤 내적 기준에서 구분할 수도 있을 것이다.

예컨대 상업적 고급문화란 외적인 기준에서는 고급문화이지만 내적인 기준에서는 상업적인 동기가 강할 때의 문화산물을 가리키고, 계몽적 대중문화란 외적인 기준에서는 대중문화이지만 내적인 기준에서는 계몽적인 동기가 강할 때의 문화산물을 가리킬 수 있다. 세 사람의 테너의 로마, LA, 파리에서 공연은 상업적 고급문화 행사이며, 텔레비전의 다큐멘터리 중에는 계몽적 대중문화 작품도 있다.

이러한 내적인 기준으로 생각할 수 있는 것은 작품제작의 제일원리이다. 인문적, 교양적 가치가 제일원리가 될 때 그것을 고급문화라고 할 수 있을 것이며, 상업적 가치가 제일원리가 될 때 그것을 대중문화라고 할 수 있을 것이다.

이러한 구분방법에는 좀 더 살펴보아야 할 문제가 있지만, 잠정적으로 이를 받아들인다면, 이러한 본질적 구분을 무시하고 외적인 특징을 비교하는 것만으로 고급문화와 상업문화의 차이를 흐리게 하는 것은 성급한 결론이다.

대중문화에는 창조가 없는가?
창조도 있다. 그것이 교양적일 때 더욱 창조적이다.

상업적인 고급문화나 계몽적인 대중문화도 가능하다.
고급문화냐 대중문화냐보다 상업적이냐 인문적이냐를 물어야 한다.

마디 63.   대중문화는 고급문화를 잠식하는가?

갠스가 지적하고 있는 대중문화에 대한 둘째 비판은 대중문화가 고급문화를 갉아
먹는다는 것이다. 그에 따르면 이러한 비판은 다시 두 주장을 포함하고 있다.

첫째, 대중문화는 고급문화로부터 많은 것을 차용하며, 그 결과
고급문화의 질을 저하시킨다.

둘째, 대중문화는 고급문화의 창조자들에게 경제적 유인을 제공
함으로써 이들을 유혹하며, 그리하여 고급문화의 질을 손상시킨다.

갠스는 이러한 비판들은 더욱 설득력을 가지기 어렵다고 보고 있다. 우선 대중문
화가 고급문화를 차용하는 것이 어떻게 고급문화의 질을 저하시키는지 알기 어려우
며, 고급문화도 민속문화나 대중문화로부터 마찬가지로 차용하고 있기 때문이다.

아울러 고급문화의 창조자들을 경제적으로 유인하는 것이 고급문화의 질을 반드
시 손상시킨다고 보기도 어렵다고 지적한다. 오히려 고급문화의 창조자들의 경제적

대중문화가 고급문화를 갉아먹는다고 비판한다.
하지만 이것은 고급문화의 피해의식일 수 있다.

문제를 해결해 줌으로써 고급문화를 북돋울 수도 있다고 갠스는 본다.

갠스의 통찰과 달리 고급문화의 창조자들이 대중문화에 종사하게 되면 그의 순수 예술은 타격을 입게 된다. 한 인간이 두 주인을 동시에 섬긴다는 것은 예로부터 그렇게 쉬운 일이 아니기 때문이다. 하지만 이것이 대중문화가 비판을 받을 문제는 아니다. 대중문화는 고급문화를 질식시키고자 하지 않았다. 고급문화의 창조자들이 대중문화를 선택했을 뿐이다. 대중문화가 고급문화에 무임승차한다고 해서 이를 비난한다면 그것은 상업적 고급문화일 뿐이다.

사실 오늘날 고급문화는 대중문화의 도움을 많이 받고 있다. 왜냐하면 고급문화가 대중문화에 의해 차용됨으로써 고급문화를 이해하지 못하는 대중들이 대중문화를 통하여 고급문화를 다소나마 이해할 수 있게 되었기 때문이다.

고급문화는 19세기 이후 소시민들과 대중들의 몰이해에 좌절한 예술가들이 예술을 제대로 이해하는 소수의 사람들만이 향유할 수 있는 예술을 위한 예술을 고집함으로써 생성된 문화이기 때문에 본질적으로 대중의 이해를 얻기는 어렵다.

하지만 이러한 고급문화에 대중이 접근 가능하게 해주는 독특한 대중문화의 영역들이 있다. 유명한 오페라에 대중적인 팝 스타일을  가미해 노래를 부름으로써 고전적 음악을 누구나 편안하게 듣게 해주는 팝페라(popera)가 바로 그러한 영역의 한 예가 될 수 있다.

이렇게 보면 대중문화가 고급문화를 갉아먹는다는 주장은 고급문화의 피해의식에서 비롯된 것으로 보이며, 오히려 대중문화가 고급문화를 대중들에게 소개하여 고급문화의 수용을 확대시킨다.

대중문화는 고급문화를 잠식하는가?
아니, 오히려 대중에게 소통시켜 준다.

대중은 고급문화에 쉽게 접근하지 못한다.
하지만 대중문화라는 우회로를 통하여 접근할 수 있다.

마디 64. 대중문화는 인간을 타락시키는가?

갠스가 지적하고 있는 대중문화에 대한 셋째 비판은 대중문화가 인간을 타락시킨다는 것이다. 그에 따르면 이러한 비판은 다시 세 주장을 포함하고 있다.

 첫째, 대중문화는 정서적인 측면에서 거짓 만족을 제공하고, 폭력과 섹스를 지나치게 강조함으로써 파괴적인 영향을 준다.

둘째, 대중문화는 인지적인 측면에서 사람들로 하여금 실제의 현실에 대응해 나갈 수 없도록 만드는 저속하고 현실도피적인 만족을 제공함으로써 파괴적인 영향을 끼친다.

셋째, 대중문화는 문화적으로 사람들이 고급문화에 참여하는 능력을 해친다.

갠스는 이 문제와 관련해서는 사회학자답게 경험적 증거들이 이러한 주장들을 충분히 그리고 직접적으로 지지하지 않는다고 주장하고 있다. 원인을 제공했다기보다는 이미 있는 원인이 일으키는 일을 강화하는 방향으로 작용했을 뿐이다. 그리고 대

■
■ 대중문화가 인간을 타락시킨다고 비판한다.
■
■ 이에 대해 엄격한 인과적 설명은 불가능하다.

중문화의 현실도피적 경향은 일상으로부터의 영구적 도피라기보다는 일시적 환상을 일으킬 뿐이고, 나쁘게 작용하는 경우조차도 다른 나쁜 것들과 비교할 때 그 결과는 사소할 수 있다고 지적한다.

대중문화가 그 오락성을 통하여 사람들을 억압적인 현실로부터 잠시 벗어나게 하여 긴장을 해소시켜 준다는 점은 간과할 수 없다. 그러나 그러한 현실도피적 오락성이 중독성을 가졌다는 것 또한 간과되어서는 곤란하다. 특히 기술의 발달과 더불어 이러한 중독성은 더 커진다. 라디오보다는 텔레비전이, 영화보다는 유선방송이 소비자를 훨씬 수동적이고 도피적으로 만들 수 있다.

폭력과 관련하여 생각해 보면, 갠스의 주장과 달리 일반적으로 폭력물을 본 아이들은 보지 않은 아이들과 비교할 때 훨씬 폭력적 인물로 성장한다.

런던의 12살에서 17살까지의 소년들 1,500명에 대한 조사를 통하여 모아진 증거들은 텔레비전 폭력물에 과도하게 노출되면 소년들이 심각한 폭력에 상당한 정도로 참여하게 된다는 가설을 지지하고 있다. 텔레비전 폭력물을 많이 본 소년들은 텔레비전 폭력물을 적게 본 소년들보다 훨씬 많이 심각한 폭력을 저지르고 있다.

이렇게 보면 대중문화의 폭력성과 도색성이 인간을 타락시킨다는 비판에 대한 갠스의 지적은 대중문화가 가지는 영향력을 과소평가한 것이거나, 담배가 폐암을 일으킨다는 사실을 부정하는 담배회사들처럼 대중문화와 인간의 타락 간의 상관성을 무시한 경우라고 볼 수 있다. 대중문화는 그것이 유일한 원인은 아니라고 하더라도 인간의 타락에 책임이 있다.

대중문화는 인간을 타락시키는가? 조심하지 않으면 가능성이 높다.

담배와 폐암의 상관적 관계가
대중문화와 인간의 타락 사이에도 존재한다.

마디 65. 대중문화는 사회를 우민화하는가?

갠스가 지적하고 있는 대중문화에 대한 넷째 비판은 대중문화가 사회를 바보집단
으로 만든다는 것이다. 그에 따르면 이러한 비판은 다시 두 주장을 포함하고 있다.

첫째, 대중문화가 사회 전체의 취향수준을 저하시켜 문명의 질
을 떨어뜨린다.
둘째, 대중매체가 사람들을 '최면에 빠지게 하고' '원자화시켜'
민주주의를 무너뜨리기 위해 숙련된 선동가들이 사용하는 대중설
득의 기법에 순응하도록 만든다.

갠스는 대중문화가 사회의 취향수준을 저하시킨다는 주장은 과거의 가장 좋은 것
을 현재의 가장 나쁜 것과 비교하는 억지를 드러내고 있다고 지적한다. 과거의 가장
나쁜 것과 현재의 가장 좋은 것을 비교하면 다른 결론이 나올 수도 있다는 것이다.
전체주의와 관련해서는 인간을 타락시킨다는 비판에 대해서와 마찬가지로 이미

대중문화가 사회를 바보집단으로 만든다고 비판한다.
이와 동시에 대중문화는 사회를 계몽하는 측면도 분명 있다.

있는 것을 강화시킬 수는 있겠지만 대중문화가 원인이 될 수는 없다고 책임을 회피한다. 아울러 현실적으로 상업주의가 외적인 압력에 강하게 저항할 수 있다고까지 주장한다. 상업주의가 약한 독일의 대중문화가 히틀러를 도운 반면, 상업주의가 강한 미국의 대중문화는 결코 미국인들을 바보로 만들지 못했다는 것이다.

대중문화가 문명의 질을 떨어뜨린다는 비판에 대한 갠스의 반박은 상당한 설득력을 가진다. 하지만 대중문화가 문화적 다양성을 축소시킨다고 비판한다면 이러한 비판을 면하기는 어려울 것이다.

갠스 스스로 지적하듯이 대중문화는 민속문화를 빈사상태에 이르게 한 주범이다. 대중문화는 일반적으로 전통적인 민속문화를 대체해 버리므로 대중문화의 유행은 민속문화를 위기로 몰아넣는다. 아울러 대중문화는 민족문화를 말살시킬 문화제국주의의 위험성을 또한 내포하고 있다. 특히 오늘날과 같이 세계화된 지구촌에서 대중문화는 고유한 민족문화에 심각한 위협이 된다. 정치권의 간섭으로부터 상업주의 대중문화가 오히려 자유롭다는 갠스의 주장은 설득력이 있다. 관영매체와 달리 상업매체는 상업주의라는 고유한 원리를 가지고 있기 때문에 정치적인 구속으로부터 더 자유로울 수 있다.

하지만 때로는 상업주의가 전체주의와 결탁할 수도 있다. 제2차 세계대전 동안 군수산업가들이 보여준 것은 바로 이러한 결탁이었  다. 문화산업가들도 이렇게 결탁할 수 있고 그렇게 되면 대중문화는 탁월한 우민화의 도구가 될 수 있다.

갠스는 대중문화의 추락의 고삐를 잡고 있는 고급문화를 보지 못하는 것 같다. 대중문화 속의 고급문화적인 요소가 갠스가 말하는 대중문화의 장점이 아닌지 비판적으로 검토할 필요가 있다.

대중문화는 사회를 우민화하는가? 할 수도 있지만, 오히려 획일화한다.

대중문화는 문화적 다양성을 위축시키고 있다.
상업주의 문화는 전체주의 문화와 결탁할 수도 있다.

마디 66. 문화의 고저를 어떻게 판단하는가?

미국의 사회학자 쉴즈는 문화산물이 가지는 내용의 심미적, 지적, 도덕적 질을 기준으로 문화수준을 "우수한(superior) 혹은 세련된(refined) 문화와 범속한(mediocre) 문화, 그리고 저속한(brutal) 문화"로 구분하였다.

우수문화 또는 세련된 고급문화는 주제를 아주 진지하게 다루고 있다는 것이 가장 큰 특색이다. 예컨대, 집요하게 문제를 다루는 집중성, 문제를 보는 날카로운 통찰과 종합적인 안목, 감각의 정교함, 풍부한 표현 등에서 진지함을 볼 수 있다.

쉴즈는 우리가 위대한 작품들이라고 부르는 모두가 우수문화의 산물이라고 주장하는데, 자신이 말하는 우수문화라는 것이 "그것이 가진 사회적 신분, 즉 문제가 되는 작품에 의해 획득하는 사회적 요인이나, 작품을 만들어낸 작가와 이를 수용하는 소비자의 질 등을 말하는 것이 아니라, 문화내용이 추구하는 진실성과 미에 대한 평가에 따라 구분"되는 것임을 거듭 밝히고 있다. 갠스의 고급문화가 여기에 해당된다.

쉴즈는
문화를 우수한 문화, 범속한 문화, 저속한 문화로 구분하였다.

범속문화의 범주는 이 문화의 창조자가 이루고자 한 정도가 어느 정도이든 간에 우수문화로서 평가될 수 있는 수준에 이르지 못하고 있는 그러한 문화내용으로 이루어져 있다. 범속문화는 우수문화에 비해 독창성이 결여되어 있고, 좀 더 모사성이 높은 문화이다.

쉴즈는 범속문화가 우수문화와 동일한 장르에서 작업이 이루어지고 있지만 그렇다고 완전히 일치하는 것은 아니며 많은 경우에 비교적 새로운 장르라고 또한 지적하고 있다.

그것[저속문화]이 내포하고 있는 상징적 표현들이 초보적 인 단계에 있는 문화이다. 이 수준의 문화활동에서는 더러는 범속문화나 우수문화의 장르와 일치하는 부분도 없지 않다. … 그렇지만 게임이나 경기관람 같은 것, 상징성이 극히 낮은 내용이나, 좀 더 직접적으로 표현되는 행위내용의 문화 등이 이 범주에 속한다.

쉴즈는 이러한 저속문화가 우수문화와 달리 깊은 통찰력을 중요시하지 않고, 정교한 맛도 거의 없고, 감수성이나 지각 정도도 조잡한 것이 일반적인 양상이라고 또한 지적하고 있다. 갠스의 대중문화는 저속문화와 범속문화를 포함한다고 말할 수 있다. 쉴즈의 이러한 구분을 우리는 비디오 영상물의 수준과 비교하여 생각할 수 있다. 어떤 영상물을 A나 B나 C급 영상물로 구분하거나, 그런 영상물에 별을 다섯이나 넷이나 셋을 부여할 때, 우리가 하는 구분이나 평가가 쉴즈의 이러한 평가와 비슷할 것이다.

문화의 고저를 어떻게 판단하는가? 진지성, 독창성, 상징성에 따라서

쉴즈가 문화의 고저를 구분한 기준은
진지성, 독창성, 상징성이다.

마디 67. 문화판단의 다른 기준들은?

문화를 이처럼 우수문화와 범속문화와 저속문화로 나누어 보면, 이러한 구분에 따르는 다른 특징들도 드러나게 되는데, 우선 들 수 있는 것이 시간적인 지속성이다.

우리가 '고전(classic)'이라고 이름하듯이 우수문화에는 당대의 산물뿐만 아니라 과거의 산물들도 포함되어 있다. 이런 의미로 우수문화는 범속문화보다 지속적이다. 우리는 '현대의 고전'이라는 표현을 사용하기도 하는데 이는 현대에는 고전의 수준에 이르지 못하는 범속한 많은 작품들이 있으며 이것들이 미래에는 소실될 것이라는 예측이 담겨 있다.

독일의 철학자 쇼펜하우어의 어머니는 당대의 인기 소설가였다. 하지만 쇼펜하우어는 그녀의 작품을 비난하며 자신의 철학저술이 훨씬 오래 살아남을 것이라고 말했는데, 그의 말대로 되었다.

둘째로 들 수 있는 것은 소비자의 숫자의 변동이다. 대중사회에서 우수문화의 소비자는 크게 증가하지 않았다. "왜냐하면 우수문화의 소비자인 지식계층은 대중사회 시대 이전에 이미 소비가 그 계층에서 포화상태가 될 정도였기 때문"이다.

쉴즈에 따르면
우수문화가 시간적으로 가장 지속적이다.

　이에 반해 범속문화와 저속문화에 대한 소비는 엄청나게 증가하였다. 왜냐하면 대중매체가 발달하여 문화의 수용이 쉬워졌을 뿐만 아니라 "여가시간이 늘어났고, 저임금에 오랜 시간 고된 노동을 하지 않을 수 없었던 계층이 이제는 경제적으로 더 윤택해졌으며 또 문자 해독률이 높아졌고, 개성의 신장이 이루어졌으며, 더욱더 많은 쾌락을 추구"하고 있기 때문이다.

　셋째로 들 수 있는 것은 이들 문화들을 소비하는 계층이다. 우수문화를 소비하는 계층은 일반적으로 대학원 이상의 교육을 받고 전문직에 종사하고 있는 사람들이다. 학부 졸업자라고 하더라도 직업이 지적인 작업과 관계가 많을 경우 일반적으로 우수문화를 소비하는 경향이 있다.

　중산층이 주로 소비하는 문화는 범속문화와 저속문화이다. 때로는 건전한 오락으로서 범속문화를 즐기고 때로는 쾌락을 좇아 저속문화를 즐기기도 한다. 노동자, 농민의 경우에는 아직도 문화산물을 즐기는 데 상당한 제약을 받고 있다. 주로 저속문화를 즐기면서 때로 범속문화를 즐기기도 한다. 물론 이러한 분류는 개인적인 취향을 고려하지 않은 것으로 일반적인 경향일 뿐이다.

　갠스와 쉴즈의 문화에 대한 분류에 문화의 대립적인 두 측면인 교양과 오락을 연결시켜 생각해 볼 수도 있다. 가장 교양이 많은 것이 고급문화 즉 우수문화라면, 가장 오락이 많은 것이 저속문화일 것이고, 범속문화에는 이 둘이 적당히 배분되어 있고 이것들은 대중문화를 이룰 것이다. 이를 도표로 나타내면 다음과 같다.

교양		오락
고급	범속	저속

문화판단의 다른 기준들은? 지속성, 소비자 수, 소비계층

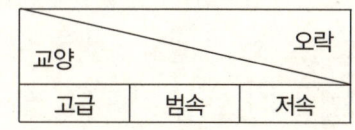

새로운 소비자가 증가한 문화는 범속문화와 저속문화이다.
따라서 이를 즐기는 계층은 중산층이다.

마디 68. 민중문화란 무엇인가?

앞 마디들에서 고급문화와 대중문화, 혹은 우수문화, 범속문화, 저속문화를 구분했듯이, 민중문화와 대중문화를 구분할 수 있다. 물론 '민중문화' 라는 표현은 애매하다. 즉 표현은 하나이지만 여러 가지 뜻을 가지고 있다.

여기서는 매스 컬처(mass culture)에 대립하는 포퓰러 컬처(popular culture)를 가리키기로 하자. 이렇게 매스 컬처 즉 대중문화와 포퓰러 컬처 즉 민중문화를 대비시키는 까닭은 매스라는 말에 비하적인 뉘앙스가 있기 때문이다.

매스(mass)라는 말은 어원은 그리스어 마자(maza)인데 이는 보리를 짓이겨 만든 과자로서 덩어리라는 의미를 가지고 있었고, 이 말은 귀족사회에서는 귀족을 제외한 나머지 사람들로 교육을 받지 못한 계층을 가리켰으며, 시민사회에서는 한 집단을 구성하는 개개인이나 성원을 나타내는 것이 아니라 무차별적으로 집단적인 존재, 심지어는 길거리에 모여 있는 군중 따위를 암시하였고, 오늘날에는 중하급, 노동계급, 가난한 계층이라고 불리는 사람들을 지칭하는 데 사용되고 있다.

대중문화와 민중문화는
비슷한 문화 내에서의 어떤 차이를 가리키기 위해 사용된다.

매스 컬처라고 하면 군중의 비문화성을 지칭하는 말이 되기에 이러한 부정적 이미지로부터 자유로운 대중문화를 가리키기 위해 포퓰러 컬처라는 말이 사용된다. 일반적으로 대중문화 비판론은 매스 컬처를, 긍정론 내지 옹호론은 주로 포퓰러 컬처를 대상으로 논의할 때가 많다.

이렇게 대중문화와 민중문화는 거의 비슷한 문화를 가리키면서도 이러한 문화 가운데 있는 미묘한 차이를 가리키기 위하여 사용된다. 만약 대중문화를 광의의 대중문화와 협의의 대중문화로 구분한다면, 민중문화는 광의의 대중문화 중에서 협의의 대중문화를 제외하고 남는 그 대중문화라고 말할 수 있다.

대중문화와 민중문화의 이러한 차이를 적절하게 보여주는 이는 미국의 대중문화 연구가인 닷슨이다. 그는 문화산물의 창조와 향유에 참여하는 사람들을 우선 분석한 다음, 이러한 사람들이 어떻게 관계를 맺고 있는가에 따라서 문화를 분류하였다. 그가 문화산물의 창조와 향유에 관여하는 사람들의 유형으로 제시한 것은 넷 즉 예술가, 수용자, 사업가, 비평가이다. 예술가는 문화산물을 창조하는 사람이며, 수용자는 문화산물을 향유하는 사람이고, 사업가는 이러한 문화산물의 창조와 향유를 이용하여 돈을 만드는 사람이고, 비평가는 특히 예술가에 대하여 비판적 의견을 제시하는 사람이다.

그는 이러한 사람들이 맺는 관계에 따라서 문화유형도 또한 넷으로 분류하였는데, 그것은 민속문화, 대중문화, 민중문화, 엘리트 문화이다. 민속문화는 자연발생적인 문화를 가리키고, 엘리트 문화는 고급문화를 가리킨다면, 민중문화는 민속문화의 대중문화 버전이고 대중문화는 민중문화의 상업적 버전이라고 말할 수 있다.

민중문화란 무엇인가? 협의의 대중문화와 대립되는 대중문화

닷슨은 문화관련자로 예술가, 수용자, 사업가, 비평가를
문화의 종류로 민속, 대중, 민중, 엘리트 문화를 들었다.

마디 69. 하위문화들은 어떤 차이를 갖는가?

민속문화(folk culture)에서는 예술가와 수용자와의 관계가 중요하다. 예술사업이나 비평은 어떤 역할도 하지 못한다. 그리고 예술가는 수용자의 일부이며, 그의 역할은 직업적으로 구별되지도 않고 드러나 있지도 않다. 그는 공동체 속에 통합되고, 예술은 공동체 사업의 하나이다.

닷슨은 이러한 민속문화가 예컨대 직업적인 가수나 무용수가 없는 아프리카의 원주민들이나 크리스마스를 맞아 자기 집을 장식하는 미국인들이 창조하고 소비하고 있는 문화라고 지적하고 있다. 하지만 닷슨은 여기서부터 포퓰러 컬처의 특성을 구성해 낸다.

이 형태의 문화에서는 예술가와 그 수용자 간의 관계가 두드러지게 밀착되어 있다는 점에서 민속문화와 같지만, 사업가가 개입하는 새로운 현상에 의해 차이를 나타낸

■
■ 민속문화에서는 예술가와 수용자만 포개진다.
■ 민중문화에서는 예술가와 수용자 그리고 사업가가 서로 포개진다.
■

다. 포퓰러 컬처의 예술가들은 반드시 예술활동만 하면서 사는 사람은 아니지만 민속예술가와 달리 전문적인 예능인으로서 특징적인 역할을 갖는다. 그는 상당히 동질적인 수용자들의 욕구와 소망을 따르기는 하지만, 그래도 항상 개인적 표현을 위한 폭넓은 여지를 지닌다. 다시 말하면 포퓰러 컬처는 수용자와 사업가의 영향에도 불구하고 예술가의 개성을 구현하고 있다. 비평가들은 포퓰러 컬처의 형성에 주된 역할을 수행하지 못하며 단지 이를 널리 알려주는 역할을 할 뿐이다.

닷슨은 1960년대 샌프란시스코의 댄스경연대회나 록 음악 축제를 이러한 포퓰러 컬처의 예로 들면서, 비틀즈의 음악이 이런 포퓰러 컬처로서 출발하였다고 지적하고 있다. 대도시가 아닌 리버풀의 12개의 록큰롤 음악클럽 중 한 곳에서 비틀즈(The Beatles)는 출발하였다. 이 클럽의 고객들과 비틀즈는 서로 친구 사이였으며, 비틀즈는 자신의 노래들을 자신이 작곡하였고 매니저는 비틀즈를 기업의 압력으로부터 격리시키고자 노력하였다. 닷슨은 이러한 점에서 산업적 문화인 대중문화와 자발적 문화인 포퓰러 컬처를 구분하고 있다.

[대중문화에서는] 이전에 있었던 예술가와 수용자의 직접적인 관계는 사업가에 의해 붕괴되고, 사업가가 결정적인 인물로 등장한다. 자신의 이윤을 극대화하기 위해 사업가는, 분산되어 있고 이질적인 시장의 요구에 맞추어 문화생산물을 만들어낸다. 예술작품에 궁극적인 통제를 행사하는 사람은 예술가이기보다는 사업가이다. 예술가와 수용자는 분리되고 수용자의 직접적인 피드백은 사라

대중문화에서는 예술가와 수용자는 분리되지만, 이들은 각각 사업가와 서로 포개진다.

진다. 매스 컬처로서 대중문화는 비평가에게 대수롭지 않은 역할을 부여할 뿐이다.

닷슨은 미국의 비틀즈이기를 희망했던 몽키스(The Monkees)와 비틀즈를 비교하면서 대중문화의 특성을 지적하고 있다. 몽키스는 텔레비전 시리즈물의 공모에 응한 437명의 응모자 중에서 선발된 이전에는 결코 만나보지도 못한 4명으로 구성된 팀으로서 그들의 노래 또한 그들과는 전혀 무관하게 음반사에서 작곡하여 그들에게 주어졌다. 그러나 그들의 노래는 텔레비전을 타고 히트하였다. "몽키스는 결코 미국의 비틀즈가 아니었다. 몽키스는 사업가에 의해 만들어진 생산물이었을 따름이다."

엘리트 문화에서는 예술가와 비평가의 관계가 두드러지며 중요하다. 사업가와 수용자도 중요하지만, 이 두 요소는 예술의 내용이나 형식을 통제하지 못한다. 엘리트 문화의 예술들은 일련의 심미적 기준에 의해 형성된다. 그리고 기준들은 비평가들에 의해 지켜진다. 이렇게 세워진 심미적 기준들을 마음속에 간직하면서 예술가들은 자기표현을 최고도로 유지한다. 전위예술에서처럼 그들은 그 기준을 거부할 수도 있지만, 그 기준들을 모르고 있지는 않다. 오로지 엘리트 문화에서만 '예술을 위한 예술'이란 개념이 의미를 가질 수 있을 것이다.

닷슨의 이러한 분류는 문화의 유형에 대한 이해로서 대단히 유익하다. 아울러 그의 논의의 유용성은 민중문화와 대중문화의 방향성을 구분한 데에 있다.

그에 따르면 예술가와 수용자 사이의 직접적인 접촉 즉 통일성(integration)이 증가하면 수용자는 자신이 소비하는 문화에서 일상 환경을 정확히 파악하고 대처할 수 있게 즉 정향성(orientation)을 갖게 된다.

엘리트 문화에서
문화 참여 인물들은 모두 서로 모개진다.

만약 접촉이 즉 통일성이 감소하게 된다면 수용자는 자신이 소비하는 문화에서 긴장을 해소하거나 문제를 회피하려는 경향 즉 도피성(escape)을 갖게 된다.

물론 민중문화와 대중문화가 반드시 이렇게 작동한다고 보장할 수는 없지만 일반적인 경향으로 말하자면 "매스 컬처는 도피기능에 더욱더 기여할 것이고, 포퓰러 컬처는 정향기능을 더욱 높일 것이다."

닷슨의 논의를 앞 마디의 갠스와 쉴즈의 논의에서 했던 것처럼 교양과 오락과 또한 연결시켜 도표로 그리면 다음과 같다.

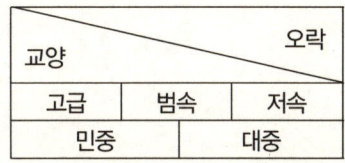

교양		오락
고급	범속	저속
민중		대중

이렇게 본다면 우리가 일반적으로 대중문화라고 부르는 것은 범속문화일 가능성이 높다. 그것은 통일성이 높은 것도 있고 통일성이 낮은 것도 있으며 정향적인 것도 있고 도피적인 것도 있다. 적당한 인문성도 있고 적당한 오락성도 있다. 우리가 대중문화라고 부르는 복합적 문화는 이러한 내용으로 이해될 수 있다.

그러므로 대중문화에서 인문성을 배제하거나 오락성을 배제하는 것은, 또 정향성을 배제하거나 도피성을 배제하는 것은 대중문화의 일면을 보면서 다른 일면을 보지 못하는 잘못에 빠지게 한다. 대중문화의 이해에서 유의해야 할 지점이 바로 이곳이다.

하위문화들은 어떤 차이를 갖는가?
예술가, 수용자, 사업가, 비평가의 다양한 포개짐

민중문화는 정향성을 높이고,
대중문화는 도피성을 높인다.

〈닷슨의 문화 분류 도표〉

민속문화

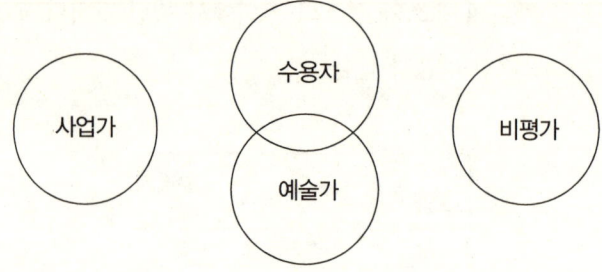

민중문화

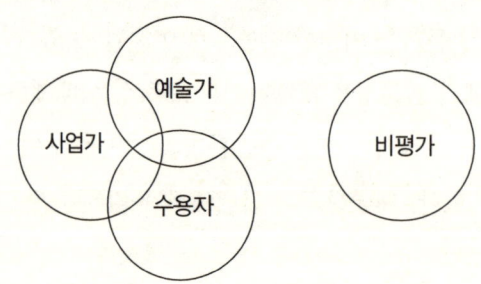

민속문화는 수용자와 예술가가 포개지며
민중문화는 여기에 사업가까지 포개진다.

대중문화

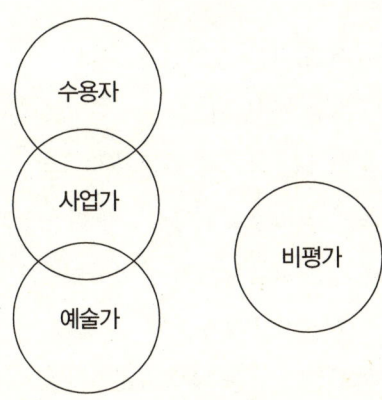

엘리트 문화

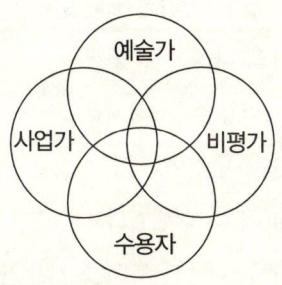

대중문화는 사업가가 수용자와 예술가를 매개한다.

엘리트 문화는 모든 관련 인물 유형이 모두 포개진다.

마디 60.   대중문화와 민중문화

마디 61.   문화에서 오락은 필연인가?

인간의 속성상 필연이다.

마디 62.   대중문화에는 창조가 없는가?

창조도 있다. 그것이 교양적일 때 더욱 창조적이다.

마디 63.   대중문화는 고급문화를 잠식하는가?

아니, 오히려 대중에게 소통시켜 준다.

마디 64.   대중문화는 인간을 타락시키는가?

조심하지 않으면 가능성이 높다.

마디 65.   대중문화는 사회를 우민화하는가?

할 수도 있지만, 오히려 획일화한다.

마디 66.   문화의 고저를 어떻게 판단하는가?

진지성, 독창성, 상징성에 따라서

마디 67.   문화판단의 다른 기준들은?

지속성, 소비자 수, 소비계층

마디 68.   민중문화란 무엇인가?

협의의 대중문화와 대립되는 대중문화

마디 69.   하위문화들은 어떤 차이를 갖는가?

예술가, 수용자, 사업가, 비평가의 다양한 포개짐

대중문화에는

도피성과 더불어 정향성이 있다.

꼬리말

여기까지 읽어 오신 독자 여러분께 감사의 인사를 드린다. 현대 대중문화의 이모저모를 여러분께 쉽고 명료하게 소개하고 대중문화에 대한 비판을 통하여 인간적인 대중문화의 미래를 그려보려고 했지만, 책의 꼬리에 가까울수록 걱정만 짙어진다.

다만 조그만 희망은 이 책이 독자 여러분에게 충분한 안내가 되지는 못했다고 하더라도, 앞으로 여러분이 대중문화를 탐색하는 길에 다소간의 참고자료가 되었으면 하는 것이다.

좀 더 자세한 논의나 논의의 출전을 원하는 독자는 이 책의 자매편으로 이미 출간되어 있는 『문화: 열두 이야기』를 참고하시면 되겠다. 이 책에서는 독자의 번잡함을 피하기 위하여 출전을 일일이 표시하지 않았다.

『아버지는 말하셨지』는 시리즈로 기획되었다. 앞으로 몇 권의 책이 더 나올 예정이다. 이 책들을 통하여 여러분들을 다시 뵙기를 희망한다.

2007년 여름 김성동

아버지는 말하셨지 문화를 누려라!
문화에 함몰되지 않고 누리기 위해서는 문화를 알아야 한다.

인용 및 참고문헌

강현두 편, 『현대사회의 대중문화』(서울: 나남출판, 1998)

강현두, 원용진, 전규찬, 『현대 대중문화의 형성』(서울: 서울대학교출판부, 1998)

갠스 지음/이은호 옮김, 『고급문화와 대중문화』(서울: 현대미학사, 1996)

리오타르 지음/이현복 옮김, 『포스트모던적 조건』(서울: 서광사, 1992)

매크래켄 지음/이상률 옮김, 『문화와 소비』(서울: 문예출판사, 1996)

밀너 지음/이승렬 옮김, 『우리시대 문화이론』(서울: 한뜻, 1996)

바르트 지음/정현 옮김, 『롤랑 바르트 신화론』(서울: 현대미학사, 1995)

벤야민 지음/반성완 옮김, 『발터 벤야민의 문예이론』(서울: 민음사, 1983)

보드리야르 지음/하태환 옮김, 『시뮬라시옹』(서울: 민음사, 2001)

스토리 지음/박모 옮김, 『문화연구와 문화이론』(서울: 현실문화연구, 1994)

엘리아스 지음/박미애 옮김, 『문명화과정 I』(서울: 한길사, 1996)

저자 김성동

서울대학교에서 철학과 윤리학을 공부하고 철학박사학위를 받았다. 현재 호서대학교 문화기획학과 교수로 재직 중이다.

저서로는 『인간: 열두 이야기』를 비롯하여 '열두 이야기' 시리즈로 『문화』, 『영화』, 『기술』, 『소비』 등이 있고, '아버지는 말하셨지' 시리즈로 『인간을 알아라』, 『너희는 행복하여라』, 『문화를 누려라』 등이 있다. 역서로는 『실천윤리학』, 『메를로-뽕띠: 사회철학과 예술철학』, 『기술철학』, 『현상학적 대화철학』, 『다원론적 상대주의』, 『윤리의 진화론적 기원』 등이 있으며, 주요 논문으로는 「셸러와 하이데거의 인간의 문제」, 「자아실현의 과정에 관한 일 연구」, 「상호주관성 이론의 재구성」, 「컴퓨터시대의 인간의 위치」, 「윤리의 기원에 대한 한 연구」 등이 있다.

아버지는 말하셨지 문화를 누려라

지은이	김성동
1판 1쇄 발행	2007년 8월 5일
1판 1쇄 인쇄	2007년 8월 10일
발행처	철학과현실사
발행인	전춘호
등록번호	제1-583호
등록일자	1987년 12월 15일

서울특별시 서초구 양재동 338-10호
전화번호 579-5908
팩시밀리 572-2830

ISBN 978-89-7775-638-0 03130
값 8,000원

●잘못된 책은 교환해 드립니다.